„Das Ganze ist mehr als die Summe seiner Teile."

(Aristoteles)

Pat Elzie

Teamplayer

Autobiografie

Aufgezeichnet von

Klaus Schütz

Dr. phil. Klaus Schütz (k.schuetz@teleos-web.de), 1984 Mitautor des Fachbuchs "Radsport" im Rowohlt- Verlag , hat sich nach seiner Pensionierung als Lehrer das Verfassen weiterer Sportbücher zum Ziel gesetzt.

2012 erschien "Von ganz unten – Bens Weg zum Zehnkämpfer" im Laudatio Verlag.

2013 wurde der Bahnradsportroman "Der letzte Kilometer" bei Books on Demand veröffentlicht.

2016 Patrick Elzie

Umschlaggestaltung: Tomasz Szewczyk

Herstellung und Verlag:

BoD – Books on Demand, Norderstedt

ISBN: 978-3-7431-0245-3

Vorwort

"Pat the Pal"

Pat Elzie der "Pal", im Amerikanischen versteht man unter einem "Pal" einen Freund, Kumpel, Kamerad, jemanden, zu dem man eine enge Beziehung hat, der für einen da ist, einem Rat gibt, einem unter die Schultern greift oder auf die Schulter klopft, der einen unterstützt und fördert. Pat Elzie ist so jemand für mich und war bzw. ist es für viele andere auch. Mich persönlich hat er zuerst als junger Basketballspieler in Deutschland gefördert, Kontakte hergestellt, die es mir ermöglichten in den USA am College zu spielen und zu studieren und später auch professionell ins Trainergeschäft einzusteigen. Für dieses Vertrauen in mich und seine Unterstützung werde ich ihm immer dankbar sein. Viele andere werden das ähnlich empfinden. Wo auch immer er unterwegs war, lernte er Menschen kennen, berührte sie mit seiner herzlichen Art, baute sie auf und förderte sie. Bei dem Basketball Verein Rasta Vechta beispielsweise war er trotz seiner großen Auslastung mit dem Profi-Team immer auch für die Jugend da, hat Einzel- und Kleingruppentrainings gegeben, hatte ein offenes

Ohr für die Talente und deren Eltern und gab viele gute Tipps. Aber auch für die Fans war er so nah wie wohl kein anderer Trainer. Er kannte viele der Rasta-Fans persönlich, liebte es mit ihnen gemeinsam zu feiern (auch gerne ein Bier zu trinken ;-)) und litt mit ihnen, wenn es mal nicht so erfolgreich lief. Die überwiegenden "good vibrations" in Vechta waren ebenso dem steilen Erfolg als auch der offenen, warmherzigen und positiven Persönlichkeit von Pat (wenn auch ohne Rasta-Haare) geschuldet. Er versteht es auf Personen zu zugehen, sie zu begeistern und durch Einbindung zu einem Teil des Ganzen zu machen. Mit dieser Herzlichkeit gewinnt er Sponsoren, die nicht nur das Team und den Verein unterstützen, wie zum Beispiel der Restaurantbesitzer Willi Südkamp, der den Rasta-Profis vergünstigtes Mittagessen im Kolpinghaus in Vechta anbietet, sondern auch zu großen Basketball-Fans werden. Selbst einflussreiche Personen wie Bürgermeister, Ärzte und Firmeninhaber werden durch seine direkte aber sympathische Art in seinen Bann gezogen und für seine Basketballprojekte gewonnen. Gleichzeitig übernimmt aber Pat auch Verantwortung in den Städten und

Gemeinden, betreut Schul-AG's, stellt sich der Öffentlichkeit auf diversen Veranstaltungen und engagiert sich für wohltätige Zwecke. Pat ist beispiels-weise weiterhin der Schirmherr der Kinder-herzhilfe Vechta e.V. Sein etwas weniger großes Organisations-talent und seine Schwächen im Umgang mit dem PC weiß er geschickt durch ein breites Grinsen und dem "Outsourcen" an die richtigen Personen wettzumachen. Auch auf diese Weise macht er sich sympathisch und baut Beziehungen auf bzw. festigt sie.

Pat ist einfach ein offener, unterstützender und positiver Mensch, der eigentlich immer gute Laune hat und sein breites Lachen ist unwiderstehlich ansteckend. Natürlich wird er im Training auch mal laut und sauer oder eine Niederlage raubt ihm den Schlaf für mehrere Nächte, aber im tiefsten Inneren bleibt er dabei positiv eingestellt. Er arbeitet die Probleme auf und konzentriert sich dann auf die Umsetzung der Lösungen, anstatt an den Ereignissen oder Problemen dauerhaft hängen zu bleiben. "Konstruktive Konfliktlösung" ist sein Motto, wobei unterschiedliche Meinungen willkommen sind und auch persönliche Angriffe dem übergeordneten Ziel des

Ganzen (Team, Verein) nur wenig anhaben können. Auf diese Weise hat er schon viele Situationen und Stationen im professionellen Basketball als auch in anderen Lebensbereichen über etliche Jahre hinweg gemeistert. Immer wieder hat er nach vorne geschaut und ist neue Aufgaben mit großer Freude und Begeisterung angegangen. Sein Feuer, besonders für seinen Sport, den Basketball, wurde von starken Winden und Stürmen mal hin und her geworfen, ist aber nie erloschen und brennt wie eh und je. In diesem Sinne wünsche ich ihm - ich bin mir sicher - dass Pat Elzie weiterhin für viele Menschen ein "Pat the Pal" bleibt bzw. wird und sie eine ähnliche Förderung, Unterstützung und vor allem Freundschaft von und mit Pat Elzie erfahren dürfen.

Markus Röwenstrunk

Prolog

Turning Point

„Seht euch das mal an, ein jüdisches Mädchen und ein Nigger! Hey Nigger, lass deine dreckigen Finger von der Kleinen!" Der weiße Kerl, der mich sichtbar angetrunken und in Begleitung weiterer fünf bis sechs Boys seines Typs so aggressiv anmacht, reicht mir gerade bis zu den Schultern. Wir stehen vor einer New Yorker Disco, die sich auf Long Island direkt am Wasser befindet. Ich habe vor einigen Minuten den zweiten Platz in einem Mucki-Contest gewonnen. Die Teilnehmer mussten dabei ihre entblößten mehr oder weniger athletischen Oberkörper zur Schau stellen. Für die Girls gab es an diesem Abend einen Wet-T-Shirt-Contest. Mit den Gewinngutscheinen wollte ich mir eigentlich den Abend in diesem angesagten Segelclub versüßen. Ein Bekannter von Steve arbeitete dort als Barkeeper. Nach meinem Erfolg umringten mich natürlich etliche attraktive Mädchen. Vielleicht hat das den Neid des Giftzwergs hervorgerufen, der das dunkelhaarige Mädchen an meiner

Seite wohl zu kennen schien und der offensichtlich auf eine Schlägerei aus ist. Berauscht vom Ergebnis des Wettbewerbs bin ich zu jeder Auseinandersetzung bereit. Als ich auf den Kleinen zugehe, sehe ich, wie der seelenruhig sein Getränk abstellt und mich irritierend anlächelt. Meine angeblich jüdische Begleiterin ruft mir panisch zu: „Mach das nicht, mach das nicht, lass ihn! Du kennst diese Leute nicht!" Um sie nicht aus den Augen zu verlieren, verschwinde ich mit ihr im Club, wo die voll aufgedrehte Musikanlage eine gewaltige Geräuschkulisse produziert. Dort treffe ich auch Steve. Ich erzähle ihm von dem Vorfall und sehe sofort die nackte Wut in ihm aufsteigen. Impulsiv wie er nun mal ist, sucht er den Kerl, bewegt sich zu dem Typen hin und baut sich spontan vor ihm auf. „Bist du derjenige, der es gewagt hat meinen besten Freund Nigger zu nennen?" Ohne die Antwort abzuwarten, haut er ihm eine rechte Gerade voll auf die Knolle, aus der augenblicklich das Blut schießt. Unverzüglich setzt die Musik aus, die Security schreitet ein und verhindert eine weitere Eskalation. Der Typ und seine Begleiter werden auf der Stelle vor die Tür gesetzt. Steve gibt sich damit jedoch noch nicht zufrieden. Er geht zum Clubbesitzer. „Was ist das hier für ein rassistischer Schuppen? Kann mein schwarzer Freund bei dir nicht mal in Ruhe seinen Erfolg feiern?" Der Chef versucht Steve zu besänftigen, indem er uns sichtbar nervös an der Bar einen Drink ausgibt. Kaum ist er weg, raunt uns der Barkeeper zu: „Wisst ihr überhaupt, mit wem ihr euch hier angelegt habt?" Als wir uns eher belustigt über sein seltsames Benehmen von ihm abwenden wollen, fährt er penetrant flüsternd fort: „Das ist Gottis Neffe! Ihr müsst hier schnellstens raus, seine Jungs suchen euch bereits und die Türen zum Haupteingang sind schon zu!" Gotti war zumindest in New York eine feste Unterweltgröße. Er war Boss eines der mächtigsten Mafia-Clans in Nordamerika und dafür bekannt mit äußerster Rücksichtslosigkeit gegen jedermann vorzugehen, der sich ihm in den Weg stellte. Die Staatsanwaltschaft war ihm schon lange auf den Fersen, ohne ihn bislang dingfest machen zu können. Einfache Cops und Security-Leute ließen erst recht von ihm und seinem Anhang die Finger. Dieser mächtige Mann sollte also der Onkel unseres Giftzwergs sein? Kaum zu glauben, aber unter diesen Umständen sogar lebensgefährlich. Selbst Steve, den sonst nichts erschüttern konnte, ist sichtbar nervös, als er seinen

Gegner in Begleitung seiner Buddies wieder im Halbdunkel der Disco auftauchen sieht. Sie scheinen uns zu suchen. Der Barkeeper reagiert blitzschnell und weist uns heimlich einen Weg durch den Hinterausgang.

Als wir später in unserer gemeinsamen Bude wieder vom Adrenalinüberschuss befreit sind, wird uns der Ernst der Lage bewusst. Wir stehen im Fokus eines der gefährlichsten und mächtigsten kriminellen Syndikate! Gottis Neffe scheint es mit seinen Rachegelüsten ernst zu sein. Was ist zu tun? Meine geringe Motivation am eben erst begonnenen Job in der Finanzwelt und das verlockende Angebot, als Profibasketballer in Deutschland mein Geld zu verdienen, lassen mich nicht länger zögern.

Auch Steve ist bald des ewigen Partylebens überdrüssig, fürchtet irgendwann von Big Apple aufgefressen zu werden und will dort nicht mehr weiterleben. Nach einem schweren Verkehrsunfall wenig später, an dessen Folgen er fast gestorben wäre, zieht er schließlich einen Wohnortwechsel an die Westküste Richtung Kalifornien. So trennen sich binnen weniger Tage unsere Wege und es liegen plötzlich viele tausend Kilometer zwischen uns.

Innerhalb kürzester Zeit nimmt damit vor allem mein Leben eine völlig neue, ungeahnte Richtung.

1.

Ich bin Pat. Eigentlich heiße ich Patrick und mit zweitem Vornamen Raynard, aber nur meine Mutter und meine Schwester nennen mich beharrlich bei meinem vollständigen Rufnamen.

Am 22. November 1960 erblickte ich als viertes und jüngstes Kind der Eheleute Catherine Cynthia und Gustora Nickodemus Elzie in Troy/Missouri das Licht der Welt. Troy ist Bestandteil der Metropolregion Greater St. Louis und Verwaltungssitz des Lincoln County, in dem der farbige Bevölkerungsanteil seit jeher gering war.

Meine Eltern kamen allerdings aus zwei Südstaaten, in denen weitaus mehr Afroamerikaner lebten als in Missouri. Mein Vater wurde 1927 in Jackson/Mississippi geboren und meine drei Jahre jüngere Mutter stammt aus Alabama. Beide wurden in äußerst ärmlichen Verhältnissen groß, wie sie damals für die absolute Mehrheit der farbigen US-Amerikaner typisch waren.

Meine Mutter, eine geborene Miller, wuchs im kleinen Ort Bynum/Alabama als drittes von vier Kindern auf. Ihre

Eltern stammten aus den damals üblichen schwarzen Großfamilien mit oft mehr als 10 Kindern, die gar nicht oder nur für kurze Zeit die Schule besuchten und dann als billige Arbeitskräfte auf den Feldern weißer Großgrundbesitzer knechten mussten. Nur so konnte die Familie ihren kargen Lebensunterhalt sicherstellen. Immerhin hatte mein Opa es zum Zimmermann gebracht und als zuverlässiger und preisgünstiger Erbauer von Häusern einen guten Ruf und eine gewisse Bekanntheit in Bynum und Anniston erworben. Trotzdem lebte man in großer Armut und in jeder Hinsicht getrennt von den Weißen. Für damalige Verhältnisse ein völlig normaler Zustand.

Als meine Großeltern eines Tages - meine Mutter war etwa 12 oder 13 Jahre alt - zum Einkaufen ins größere Anniston gefahren waren, berührte mein Großvater versehentlich eine weiße Frau, die aus einem Geschäft kam. Obwohl er sich sofort dafür entschuldigte, nahm der Ehemann dieser Weißen die Entschuldigung nicht an, sondern verfolgte meinen Opa mit dem gezückten Messer, das fast alle Männer zu dieser Zeit bei sich trugen. Passanten warnten meinen Opa, sodass er sich rechtzeitig umdrehen und ebenfalls sein Messer ergreifen konnte. Es kam zu einem kurzen Kampf, bei dem mein Grandpa dem Weißen eine Schnittwunde am Oberarm beibrachte. Mit den Worten „Wir wissen, wo du wohnst!" zog sich der Mann schließlich mit seiner Frau zurück. Meine Großeltern ahnten, dass dies keine leere Drohung war, denn dieser Mensch war als Mitglied des berüchtigten Ku-Klux-Klan (KKK), der vor allem in Alabama sein Unwesen trieb, stadtbekannt. So machten sich am Abend auch tatsächlich acht bis zehn Mitglieder dieses rassistischen Geheimbundes in ihrer typischen Kostümierung auf den Weg zum Haus meiner Großeltern. Auf dem Weg dorthin mussten sie den Landsitz des weißen Großgrundbesitzers, der ein Herz für uns Schwarze hatte, passieren. Dieser rief ihnen warnend zu, dass bereits mehr als 20 Miller Boys gut bewaffnet auf sie warteten, die mein Großvater in großer Sorge um sein Leben zusammengetrommelt hatte. In den Südstaaten war es in den 40ern des vorigen Jahrhunderts durchaus noch üblich, dass Schwarze über Nacht einfach verschwanden. Niemand kümmerte sich darum, wenn man einen farbigen Leichnam am nächsten Morgen an einem kräftigen Baum hängen sah. Von

Strafverfolgung konnte keine Rede sein und die Polizei sah tatenlos zu. Gott sei Dank beherzigten die Leute vom KKK die Warnung ihres Landlords und verzichteten auf eine gewalttätige Auseinandersetzung. Meiner Mutter schlottern heute noch die Knie, wenn sie davon erzählt.

Mein Vater hatte eine sehr harte Kindheit. Seine Mutter hatte ihn als uneheliches Kind zur Welt gebracht. Schon kurz nach der Geburt verließ ihn seine Mutter und übergab ihn der Obhut ihrer behinderten Eltern, die sich jedoch kaum um den Jungen kümmern konnten. Obwohl noch ein Kind, musste er an Stelle der beiden Alten den Großteil der täglichen Hausarbeit wie kochen, putzen usw. übernehmen. Da in diesem bettelarmen Haushalt auch die Nahrungsmittel ständig knapp waren, brachte sich mein Vater in jungen Jahren das Jagen und Fischen bei und konnte so den dürftigen Speisezettel ergänzen. Später habe ich von ihm diese Überlebenstechniken gelernt. So war er von Kindesbeinen an tägliches, hartes Arbeiten gewöhnt. Meine sehr attraktive Oma hatte wenig Interesse an weiteren Männerbekanntschaften, sondern wollte erst einmal möglichst viel Geld verdienen. Also zog sie in die großen Ballungszentren im

Norden wie Chicago und New York und verdingte sich als Putz- und Haushaltshilfe bei vermögenden weißen Familien.

Mein Vater verließ mit 14 das Haus der Großeltern und begab sich mit Hilfe einiger Tanten auf die Suche nach seiner Mutter, die er schließlich in St. Louis wiederfand. Nach Überwindung erheblicher Spannungen wegen ihres unverantwortlichen Verhaltens ihm gegenüber fanden sie zusammen und begannen sich lieb zu haben. Trotz ihres jahrelangen rücksichtslosen Egoismus legte sie bald darauf den Grundstein für den bescheidenen Wohlstand unserer gesamten Familie. Von ihren Ersparnissen kaufte sie im Stile einer Geschäftsfrau nämlich einem Mann in Wentzville/Missouri ein größeres, überwiegend aus Wald bestehendes Stück Land in der Nähe des Cuivre River ab und begann es zu roden und Häuser aus Stein darauf zu errichten. Steinhäuser waren eine gute Versicherung gegen Feuer und die winterliche Kälte. Einige Häuser überließ sie unserer Großfamilie - meine Mutter lebt heute noch in einem dieser Häuser –, vier vermietete sie an Fremde. Immerhin schaffte mein Vater den Highschool-Abschluss und wurde, obwohl erst 17

Jahre alt, in die Army aufgenommen. Während seiner vierjährigen Dienstzeit war er auch eineinhalb Jahre in Süddeutschland stationiert und erlebte den Anfang der Nürnberger Prozesse aus unmittelbarer Nähe. Er war sehr sportinteressiert und hatte sich dem Boxsport verschrieben, in dem er während seiner Armeezeit auch einige Erfolge erzielen konnte. Nach seiner Zeit als Soldat versuchte er als Sparringspartner von professionellen Boxern und beim Golden Glove Boxing seinen Lebensunterhalt zu verdienen. So war er unter anderem Sparringspartner des berühmten Joe Louis, der ihm bei einem Trainingskampf das Nasenbein brach. Mein Vater war so stolz auf diesen Fight mit dem Schwergewichtsweltmeister, dass er sich standhaft weigerte, sich die arg verbogene Nase richten zu lassen.

In St. Louis lernte er bald darauf eine junge Frau kennen, die auch meiner Oma überaus sympathisch war. Sie verlobten sich und wollten in Kürze heiraten. Eines Tages war das Pärchen in einem PKW, den mein Vater steuerte, auf einer Landstraße unterwegs. Hinter einer leichten Anhöhe war ein LKW wegen einer Panne liegen geblieben, den mein Vater zu spät sah und deshalb auffuhr. Bei diesem Crash verlor seine Verlobte ihr Leben und mein Vater wurde schwer verletzt. Monatelang lag er mit lebensgefährlichen Lungenverletzungen im größten Krankenhaus von St. Louis, dem Barnes-Jewish-Hospital, wo meine Mutter als erste examinierte schwarze Krankenschwester arbeitete. Sie hatte nur in St. Louis in einer speziellen Krankenpflegeschule für Farbige ihre Ausbildung abschließen können. Alle anderen Ausbildungsstätten erwiesen sich als viel zu teuer. Meine Mum hat ihren Beruf geliebt und 60 Jahre ausgeübt, wovon eine Urkunde in ihrem Wohnzimmer heute noch zeugt. Übers gemeinsame Kartenspielen fanden meine Eltern zusammen und wurden schließlich ein Paar, das sich in St. Louis im Schwarzenviertel niederließ und in der Stadt arbeitete. Dort wurden auch mein ältester Bruder Gustora Nicholas im Januar 1955 und meine Schwester Kathy Lynnette im Dezember 1955 geboren.

St. Louis war damals eines der wichtigsten Zentren der USA und galt als Tor zum Westen und zum Norden. Trotzdem herrschte auch dort eine extreme Rassentrennung. Selbst berühmte farbige Künstler, die in der

Metropole gastierten, mussten den separaten Eingang für Farbige benutzen.

Wegen der wachsenden Kriminalität in der Stadt und auf Anraten eines Arbeitskollegen meines Vaters verließen meine Eltern 1956 St. Louis und machten sich auf den Weg in den Norden nach Milwaukee. Dort versuchten sie acht Monate vergeblich ihr Glück, fanden keine Arbeit, kehrten desillusioniert nach Missouri zurück und ließen sich in Troy nieder, wo meine Mutter für vier Jahre eine Arbeit fand und 1957 mein Bruder Gregory Wayne und 1960 auch ich als jüngstes Kind geboren wurden.

Anschließend zogen wir nach Wentzville. Dort stellte meine Oma meinen Eltern ein Haus zur Verfügung.

Mein Dad arbeitete sich allmählich vom Hilfskellner zum Ober im berühmten Chase Hotel in St. Louis hoch, in dem die Spitzenklasse der damaligen Entertainer und Sängerinnen und Sänger wie Ella Fitzgerald, Sammy Davis Jr. oder Frank Sinatra ihre Shows präsentierten.

Als Nesthäkchen der Familie wurde ich von meiner Schwester und vor allem von meiner Mutter, an der ich ganz besonders hing, sehr verwöhnt. Wenn meine Mutter zur Arbeit musste, hing ich oft weinend am Gartenzaun und konnte nur schwer beruhigt werden. Insgesamt hatte ich als Mamasöhnchen trotz der Armut, in der wir lebten, eine sehr schöne, behütete Kindheit.

1965 kam ich in den Kindergarten, in dem auch vorschulische Elemente wie Lesen lernen usw. auf der Tagesordnung standen. Inzwischen wurden weiße und schwarze Kinder nicht mehr getrennt, dennoch fielen immer wieder rassistische Äußerungen gegenüber uns Schwarzen.

Im Jahr darauf wurde ich in die Elementary School eingeschult, wo wir Kinder aller Rassen zusammen von ausschließlich weißen Lehrkräften unterrichtet wurden. Von zu Hause motiviert, waren meine schulischen Leistungen von Anfang an gut bis sehr gut. Ich erledigte meine Hausaufgaben gewissenhaft und strengte mich in allen Fächern an. Meine Eltern waren sehr aufstiegsorientiert. „Wir müssen besser sein als der Weiße neben uns!", war die These, die wir Kinder immer wieder hörten. Am Ende waren sie erfolgreich, denn jedes ihrer vier leiblichen Kinder schaffte einen College-Abschluss.

Das gelang nur sehr wenigen farbigen Familien und die Eltern waren natürlich überaus stolz auf uns. Am meisten habe ich von ihrem Ehrgeiz profitiert, denn als jüngstes Kind wurde ich, als meine Geschwister nach und nach ihr Elternhaus verließen, am intensivsten gefördert. Wir Kinder sind ihnen heute noch dankbar, dass sie uns so gute Startbedingungen verschafften.

Fast zeitgleich zu meiner Einschulung beschloss meine Mutter aus finanziellen Erwägungen – es gab für jedes Kind eine kleine staatliche Aufwandsentschädigung – aber vor allem aus christlichen Motiven eine Reihe von Pflegekindern bei uns aufzunehmen. Die Mutter meines Vaters, die nur 100 Meter entfernt von unserem Haus wohnte, hatte bereits die ersten Pflegekinder bei sich und ihrem zweiten Mann („Opa Bill") aufgenommen und führte ein extrem strenges Regiment in ihrem Zuhause. Insgesamt regierte sie über sechs Pflegekinder, die sie zu meinem Entsetzen teilweise ganz schön brutal behandelte.

Bei uns sollten es im Laufe der Zeit von 1966 bis 1968 insgesamt 9 Pflegekinder werden. Da die Heime damals völlig überfüllt waren, war man für jedes Kind dankbar, das von Privatleuten aufgenommen wurde. Unter den neun waren fünf Mädchen, von denen 3 Kinder von Prostituierten waren, die in einem sehr verwahrlosten Zustand waren, als sie zu uns kamen, und vier Jungen. Die Brüder hatten mitansehen müssen, wie ihre Eltern bei einem Feuer in ihrem Wohnhaus ums Leben kamen. Entsprechend traumatisiert trafen sie bei uns ein. Die Unterbringung der nun 13 Kinder stellte meine Eltern vor gewisse logistische Probleme, die allerdings pragmatisch so gelöst wurden, dass uns Jungen zwei Schlafräume zugewiesen wurden und die fünf Mädchen sich alle zusammen ein Zimmer teilen mussten. Heute unvorstellbar, damals aber erstaunlicherweise kein größeres Problem für uns Kinder. Im Gegenteil, wir freuten uns über den plötzlichen Familienzuwachs und hatten nun mehr Mitspieler für unser geliebtes Baseballspiel oder American Football auf den Wiesen der Umgebung. Nach dem gemeinsamen Frühstück wurden wir, wenn es das Wetter zuließ, von Muttern nach draußen zum Spielen geschickt, was wir besonders in den dreimonatigen Sommerferien, die uns nicht selten enorme Hitze bescherten, ausgiebig genossen. Trotz des großen Gartens war die meiste Fläche unseres

Grundstücks immer noch bewaldet. Wir Kinder wurden mit einer überwiegend unberührten, fast romantischen Naturlandschaft beschenkt, die vielerlei Überraschungen bereithielt. Das ebenfalls heiß geliebte Verstecken spielten wir nicht nur im Maisfeld, sondern vor allem mit Vorliebe im Wald. Dort spürten wir Rehen, Fasanen und anderen wild lebenden Tieren nach. Wenn ich heute meinen Kindern mein altes Zuhause zeige, gehen wir auch in den Wald und hoffen, einige dieser Tiere zu sehen. Dann muss ich ihnen immer wieder die Geschichte erzählen, wie ich eines Tages beim Klettern auf einen Baum einen trockenen Ast ergriff und abstürzte. Dabei verletzte ich mich so schwer, dass ich ins nächste Krankenhaus gebracht wurde, wo meine Wunde genäht werden musste.

Die Versorgung unserer 15-köpfigen Familie mit Lebensmitteln konnte fast problemlos sichergestellt werden. Da Oma insgesamt 40 Acres Land besaß, was etwa 16 Hektar entspricht, bewirtschafteten wir gemeinsam – die Mithilfe aller Kinder war selbstverständlich – einen riesengroßen Garten, in dem wir Mais, Kohl und andere Gemüsesorten anbauten und in dem auch sehr viele Obstbäume gepflegt wurden, die uns mit Äpfeln, Pfirsichen usw. versorgten. Außerdem hielten wir einige Kühe, Schweine und etliche Hühner, die uns Milch, Fleisch und Eier lieferten. So gab es immer satt zu essen. Mit der Kleidung sah es aufgrund unseres notorischen Geldmangels allerdings weitaus schlechter aus. Als Jüngster musste ich stets die abgelegten Sachen meiner älteren Brüder auftragen. Lediglich zum sonntäglichen Kirchgang gab es bessere Kleidung anzuziehen. Wahrscheinlich wegen dieser negativen Erinnerungen aus Kindheitstagen liebe ich es heute, mich relativ modisch und elegant zu kleiden.

Meine Großmutter erwies sich nicht nur als äußerst sparsam - ihrer Sparsamkeit verdankten wir schließlich unser aller Zuhause -, sondern ebenfalls als sehr geschäftstüchtig. So ließ sie einen Fischteich anlegen, den sie regelmäßig mit Fischen bestückte, die in immer kürzeren Abständen ein sogenannter Fischtruck anlieferte. Dann bot sie ihr Gewässer Anglern zum Fischfang an, die die erbeuteten Fische nach Gewicht bezahlen mussten. Dabei verdiente ich mir ein kleines Taschengeld, indem ich Würmer suchte, die mir die Angler für einige Cent abkauften. So habe ich unbewusst von ihr den Umgang mit Geld gelernt. Auch von unserem Obst wurde ein Teil verkauft, was unsere magere Familienkasse etwas aufbesserte. In den Wäldern stellten weiße Jäger dem Wild nach. Schossen sie Geflügel wie Enten oder Fasane, rupften wir Kinder die Vögel gegen ein kleines Entgelt und bereiteten sie so zum Verkauf vor. Eine weitere Geschäftsidee meiner Oma war die Eröffnung eines Tante-Emma-Ladens, in dem bald die gesamte schwarze Nachbarschaft einkaufen ging. Dies verschaffte der cleveren Frau aber auch viele Neider unter der farbigen Bevölkerung und selbst die Weißen beargwöhnten den Erfolg einer schwarzen Frau.

Insgesamt blieben die Pflegekinder, wie meine Mutter es geplant hatte, etwa 10 Jahre bei uns. 1976 verließen uns die letzten im Alter von 18 Jahren und meine Mum nahm ihren Beruf als Krankenschwester wieder auf.

Eine große Rolle spielte die Religion in unserer Familie. In unserem Haus hingen die Bilder von Jesus und Martin Luther King an bevorzugter Stelle. Vor allem meine Mutter ist eine sehr fromme Frau. Wie mein Vater gehört sie der Southern Baptist Convention an. Ihrem christlichen Glauben entsprechend wurden natürlich auch wir Kinder erzogen. Diese Erziehungspraxis war damals allerdings in den meisten farbigen Familien üblich. Die ältere Generation hatte zum Teil noch mit eigener Hand ihre Gotteshäuser errichtet. Ein Opa hatte es sogar zum Baptistenprediger gebracht. Die Kirche war lange Zeit der einzige Ort, an dem sich Farbige versammeln konnten und wurde zum zentralen Treffpunkt, weil es wenig andere Möglichkeiten für ein ungestörtes soziales Miteinander gab.

Jeden Sonntag stand der Kirchenbesuch auf unserer Agenda, der bereits um 8.45 Uhr mit einem einstündigen Bibelstudium begann. Von 10.15 Uhr bis gegen 13 Uhr folgte der eigentliche Gottesdienst, der von fröhlichen, manchmal auch melancholischen Gospelgesängen bestimmt war. Anschließend traf man sich noch des Öfteren mit befreundeten Gemeinden zum Essen und zum Klönen, was sich nicht selten bis in den späten Nachmittag hinzog. Hatten wir eine fremde Gemeinde zu Gast, mussten wir sie bewirten und umgekehrt.

Auch zuhause gehörte das Tischgebet vor jedem Essen zum festen Tagesablauf und vor dem Schlafengehen kniete ich mich vor meinem Bett nieder und sprach ein Nachtgebet. Da ich als Kind eine sehr schöne Stimme hatte, begleitete ich meine Mutter außerdem fast jeden Mittwoch zur Probe des Gospelchors, die natürlich auch in der Kirche stattfand. Wenn ich dann mit glockenklarer Kinderstimme während des Gottesdienstes den Leadgesang übernahm, schmolzen die Herzen der älteren Damen vor Rührung dahin. Meine Mutter sang meistens hinter mir im dreißigköpfigen Backgroundchor.

Einen ganz besonderen Platz nahm in unserer Familie der Sport ein. Mein Vater war ja, wie bereits erwähnt, als Boxer aktiv gewesen und übertrug seine generelle Sportbegeisterung natürlich auf seine Kinder. Selbst meine Mutter, die noch mit über 70 Jahren zu Footballspielen der NFL nach St. Louis fuhr, konnte sich der Faszination des Sports nicht entziehen. Da wir bereits sehr früh einen Fernseher besaßen, gehörten Sportübertragungen aller Art zum wöchentlichen Pflichtprogramm. Ob Boxkämpfe von Muhammed Ali, Footballspiele der NFL, Baseball oder olympische Sportarten, wir waren gut informiert und gleichzeitig auch animiert, selber Sport zu treiben. Schon während meiner Grundschulzeit spielte ich außerhalb der Schule wettkampfmäßig Baseball und Football. Als ich mit etwa 12 Jahren beim Footballspielen bei dem Versuch einen Pass unseres Quarterbacks zu fangen so unglücklich stürzte, dass ich mir den Arm brach, meinte mein ältester Bruder Nicholas, dass ich für Football eigentlich sowieso zu dünn sei und es lieber mal mit Basketball versuchen sollte, wo ich vielleicht auch von meiner überdurchschnittlichen Körpergröße profitieren könnte. In der 8. Klasse auf der Middle School fand dann tatsächlich meine erste Begegnung mit dem Basketballspiel während des Sportunterrichts statt. Es machte mir sofort Spaß und ich erwies mich als durchaus talentiert. Ein sehr positiver Nebeneffekt war, dass ich übers Basketballspielen auch meinen bald besten Freund Anthony Wallace und dessen jüngeren Bruder Bobby kennen lernte, die schon routinierte Basketballer waren und sogar zuhause eine eigene Korbanlage stehen hatten. Komischerweise wohnten sie ganz in unserer Nähe, obwohl ich bis dahin kaum von ihnen Notiz genommen hatte. Anthony war bereits ein exzellenter

Spieler, von dem ich in kurzer Zeit sehr viel lernte. Von nun an verbrachte ich die meiste Freizeit mit ihm beim Basketballspielen und Basketball wurde *meine* Sportart! So ganz nebenbei merkte ich auch, dass es bei diesem Spiel sehr auf das Zusammenspiel, das Miteinander, ankommt.

Wenn ich heute meine Kindheit Revue passieren lasse, ist es eigentlich überhaupt kein Wunder, dass ich ein Teamplayer wurde. Unsere Großfamilie, in der immer die Gemeinschaft im Vordergrund stand und der christliche Glaube, der ebenfalls den Zusammenhalt der Gemeinde propagierte, ließen mir nicht die Wahl, Individualsportler zu werden. Die Lebensumstände lehrten mich, dass ich als Einzelner auf verlorenem Posten stünde.

2.

Bevor ich vom Basketballvirus infiziert wurde, spielte ich wie die allermeisten US-Kids in meiner Freizeit Baseball und Football, die beiden anderen Nationalsportarten. Gemeinsam mit überwiegend weißen Kindern agierte ich als überdurchschnittlich großer Farbiger beim Baseball recht erfolgreich als Pitcher (Werfer) in der Pop Warner League und beim Summer Football als Wide Receiver, Passempfänger des Quarterbacks. Letzterer lenkt das Spiel der Mannschaft. Eine unangenehme Begleiterscheinung war der leicht diskriminierende Unterton, in dem die ausschließlich weißen Trainer mit uns schwarzen Sportlern sprachen. Typisch dafür war die Beiläufigkeit, mit der sie das Wort „Nigger" gebrauchten. Das sollte sich aber leider auch in den nächsten Jahren nicht ändern. Der bereits erwähnte Armbruch läutete dann das Ende meiner Karriere als Footballspieler ein.

Die Stadt Wentzville hatte extra fürs Baseballspielen mehrere Fields etwas außerhalb des Ortes angelegt. Auf denen trainierten wir in den Sommermonaten fast täglich und trugen dort auch unsere Ligaspiele aus. Die Anlage war relativ weit von meinem Elternhaus entfernt, sodass mich meine Mutter meist mit dem Auto dorthin fuhr und ich im Anschluss an das Training nach Hause laufen konnte. Dazu benutzte ich den Seitenstreifen eines direkt an den Baseballplätzen vorbeiführenden Highways.

Als ich mich 1972 eines Tages wieder verschwitzt vom intensiven Training auf den Heimweg machte, musste ich mit ansehen, wie ein Pick-Up und ein Van wenige Meter von mir entfernt direkt an der Abfahrt des Highways zum Baseballground mit vollem Speed kollidierten. Es krachte ohrenbetäubend und als sich der aufgewirbelte Staub gelegt hatte, sah ich direkt in das blutüberströmte Gesicht eines Mannes und einer noch weitaus schwerer verletzten Frau. Mit Entsetzen entdeckte ich, dass das eine Auge des Mannes aus der Augenhöhle getreten war und auf Höhe seines Wangenknochens hing. Obwohl unter Schock und am ganzen Körper zitternd durfte ich mich noch nicht einmal von der Unfallstelle entfernen, sondern wurde nach einer mir unendlich erscheinenden Wartezeit vor dem Eintreffen des Rettungswagens und einer Polizeistreife von einem Polizisten als unmittelbarer Zeuge des Crashs vernommen. Immer noch bebend und mit vibrierender Stimme berichtete ich ihm stockend, was ich gesehen hatte. Als ich endlich die knappe Meile bis nach Hause laufen durfte, stolperte ich mehr, als dass ich lief. Als meine Mutter mich in solch einem desolaten Zustand empfing, machte sie sich tagelang Sorgen um mich, da ich im Alter von acht Jahren bereits erfahren musste, dass Opa Bill bei einem Verkehrsunfall gestorben war. Später hörten wir, dass die Frau im Pick-Up, die ihren Sohn vom Baseball abholen wollte, ebenfalls ihren Verletzungen erlegen war. Ihr Begleiter und der Fahrer des Vans überlebten schwer verletzt. Ich glaube, dass diese beiden Ereignisse mich als Verkehrsteilnehmer und später vor allem auch als Autofahrer geprägt haben. Jedenfalls entsprach mein Fahrstil nur sehr selten dem des jugendlichen Rasers.

Meine Basketballbegeisterung wurde maßgeblich von meinem neuen Freund Anthony Wallace beeinflusst. Er war der erste Jugendliche, der mir als durchschnittlich engagiertem Freizeitsportler, der neben dem Sport auch noch in der Schule und in der Kirche sehr aktiv war, zeigte, was Enthusiasmus bedeutet. Für ihn gab es quasi nur Basketball, alles andere interessierte ihn nur peripher. Sein Vater, der beruflich mit Straßenbau befasst war, hatte ihm nicht nur einen Basketballkorb besorgt, sondern für ihn und seinen jüngeren Sohn Bobby sogar ein asphaltiertes Basketballfeld angelegt. Auf diesem trainierte Anthony besessen in jeder freien Minute. So oft ich konnte, gesellte ich mich zu ihnen und wurde auch schnell besser. Bis auf den heutigen Tag ist Tony ein enger Freund von mir geblieben, den ich regelmäßig in den Staaten besuche.

Ein ganz besonderes Highlight waren die Basketball-Camps in Missouri oder dem benachbarten Illinois, die wir in den Sommerferien gemeinsam besuchten. Obwohl mit 350 Dollar Teilnehmergebühr nicht gerade preiswert, waren sie für uns ein Muss und wir buchten auch immer die zweiwöchige Version. Ein einwöchiges Camp wäre natürlich preiswerter gewesen, für uns aber indiskutabel. Eine Attraktion dieser Camps waren NBA-Profis, die sie leiteten oder tageweise dort zu Gast waren. Zu einem dieser Camps, das vom NBA-Profi Ed Macauley geleitet wurde, einem Hall of Famer, der 1958 mit den St. Louis Hawks den NBA-Titel gewonnen hatte, kam für einen Tag der berühmt-berüchtigte 2,11 Meter große Darryl Dawkins. Sein Spitzname war „Mr. Dunkenstein", da Dunkings die absolute Spezialität des

Sensationsbasketballers der Philadelphia 76 waren. Gemeinsam mit Macauley wählte er fünf von den insgesamt etwa 350 teilnehmenden Kids aus, die er für eine spezielle Demonstration benötigte. Wir sollten ein Spiel drei gegen drei vorführen. Ich war nicht nur bei den Auserwählten, sondern musste auch Dawkins einen Pass zuspielen. Der schwarze Riese griff sich den Ball, dribbelte fast über das gesamte Spielfeld, stieg wie aus dem Nichts empor, schien irgendwo hoch oben in Wolkennähe zu verharren und haute schließlich mit titanischen Kräften den Ball durch den Ring, sodass der Ring vom gläsernen Brett abriss, das im selben Moment in unendlich viele kleine Glasstücke zerplatzte. Das Unnatürlichste war, dass er die orange Kugel immer noch in seiner Pranke hielt, als er wieder auf dem Boden landete. Es war unglaublich: Er hielt den Ball tatsächlich immer noch in seiner Hand! Wir standen staunend mit offenen Mündern daneben und drohten verrückt zu werden. Ein magischer Moment für alle Anwesenden! Gott sei Dank gab es genug andere Körbe, sodass das Camp nicht abgebrochen werden musste. Im Gegenteil, Dawkins bot uns noch ein weiteres Spektakel. Macauley musste einen Silver Dollar auf eine obere Brettkante legen, den sich Dawkins mit einem übernatürlichen Jump angelte. Es war die reinste Zirkusnummer!

Dawkins trieb es schließlich mit seiner Dunkingexzentrik so weit, dass sich die NBA genötigt sah, die bislang fest am Brett verankerten Körbe ab sofort, von einer Hydraulik unterstützt, federnd aufzuhängen. Das tat seiner Besessenheit keinen Abbruch. Er fing an, jedem seiner Dunkings einen Namen zu geben und sie sogar poetisch zu verarbeiten. Absolut crazy!

Eine weitere Berühmtheit bei einem anderen Camp war Nate „Tiny" Archibald, ein körperlich eher unauffälliger Point Guard aus New York City, der 1981 mit den Boston Celtics NBA-Champion werden sollte und später ebenfalls Aufnahme in die Hall of Fame fand. Wir Kids waren natürlich sehr wissbegierig und durften den Stars viele Fragen stellen. Ihn fragte ich wörtlich: „Wie viele Stunden hast du in meinem Alter täglich trainiert?" Ohne mit der Wimper zu zucken kam schlagartig die Antwort „So etwa 8 bis 10 Stunden pro Tag!" Im Stillen dachte ich „Der spinnt doch!" Als ob er meine Gedanken ahnte, führte er weiter aus: „Weißt du, wir waren in der Bronx sehr arme Leute und hatten tatsächlich nach dem dürftigen Frühstück nichts Besseres zu tun als auf den Freiplatz zu gehen und den gesamten Vormittag Basketball spielend zu verbringen und nach dem Mittagessen ging es gleich weiter bis zum Abend so zwischen 20 und 22 Uhr." Da wurde mir klar, dass er nicht übertrieben hatte. Kein Wunder, dass er ein unglaublich gutes Ballhandling und einen absolut sicheren Wurf besaß. Er schaffte es mehrmals gleichzeitig der erfolgreichste Schütze und Passgeber in einer NBA-Saison zu werden. Wahnsinn!

Später baute mir mein Vater auch einen Korb auf unserem Grundstück, damit ich meine wachsende Basketballbegeisterung ausleben konnte. Zum Glück gab es in der Nachbarschaft 15 bis 20 Kids, die sich beinahe täglich zum Basketball spielen trafen. So näherte sich mein Können immer mehr dem meines besten Kumpels Anthony an, der schon bald als der beste Jugendspieler Missouris galt, und wir wurden ein unzertrennliches Team.

Wer Basketball näher kennt, weiß, dass Musik und mein Sport zusammen gehören. Einige sprechen sogar davon, dass Basketball Jazz sei, da beide auf einer festen

Struktur fußen, auf der dann improvisiert werden kann. So weit will ich nicht gehen, aber moderne Rhythmen, Melodien und Sounds sind unbestreitbar wichtige Elemente des Basketballs.

Mein absoluter Favorit war und bleibt Michael Jackson, dessen Karriere ich seit seinem Einstieg bei The Jackson Five intensiv verfolgt habe. Er stellt so etwas wie den Soundtrack meines Lebens dar. Da ich ja auch kein schlechter Sänger war, beeindruckte mich Michaels Stimme umso mehr. Natürlich waren seine speziellen Tanzeinlagen ein Hit und ich versuchte ewig seine Tanzschritte und seine eigenwilligen Moves zu imitieren. Eigentlich war unsere gesamte Familie vom Jackson-Virus infiziert und begeisterte Anhänger des Motown-Sounds.

Aber auch andere Musikrichtungen wie Rock, Country und Gospel wurden in unserem Haus regelmäßig gehört. Elton John, die Band „Boston", aber auch Ray Charles, die berühmte Gospelgruppe „Mighty Clouds of Joy" und sogar Johnny Cash waren einige meiner Lieblinge.

Meine Basketballkarriere startete auf der Highschool. In

der 9. Klasse wurde ich leider von meinem Vorbild Tony getrennt, der auf Grund seiner individuellen Klasse sofort in der Schulmannschaft, dem Varsity Team, mitwirken durfte, während ich mich fürs Erste mit einer Rolle in der Reservemannschaft, dem Junior Varsity Team, zufrieden geben musste. Dennoch erlebte ich gleich 1975 einen persönlichen Höhepunkt. Die Gemeinde Wentzville hatte sich zum Bau einer größeren Sporthalle mit einer Kapazität von rund 3000 Plätzen entschlossen, die unsere alte Schulturnhalle ablöste, die allerdings auch schon gut 1000 Zuschauer fasste. Bei der offiziellen Einweihung der neuen Halle gelang mir im Eröffnungsspiel der allererste Korb in dieser Spielstätte, worauf ich bis heute stolz bin. Ab der 10. Klasse rückte ich zu Tony ins Varsity Team auf und in den folgenden Jahren fuhren wir Sieg auf Sieg ein und füllten die neue Arena ein fürs andere Mal bis auf den letzten Platz! Die Zuschauer kamen aus immer größeren Entfernungen zu uns in die Halle, wir mobilisierten mit unserem teamorientierten Spiel die Massen! Inzwischen war auch noch Bobby zu uns ins Team gestoßen und wir drei Farbigen trugen seitdem das gesamte Highschool-Team, das ansonsten nur aus Weißen bestand. Damals war es für

Missouri typisch, dass sich auf dem Lande und in den Außenbezirken der Großstädte überwiegend Weiße angesiedelt hatten und die Innenstädte (Inner-Citys) der farbigen Bevölkerung vorbehalten waren. Und nur dort konnte man auch schwarze Trainer antreffen.

Bei einem Auswärtsspiel im Provinznest Borgia unterlief mir zu Beginn der zweiten Halbzeit ein übler Fauxpas. Ich hatte einen echten Blackout und lief gleich nach Wiederanpfiff auf den gleichen Korb wie in der ersten Spielhälfte zu und versenkte den Ball. Ein klassisches Eigentor würde man im Fußball sagen. Die Reaktion unseres selbstverständlich weißen Coaches ließ nicht lange auf sich warten. Mit den Worten „You stupid nigger!" holte er mich vom Platz. Die fast ausschließlich weiße Zuschauermenge in der ausverkauften Schulturnhalle brüllte vor Lachen und ich dachte im ersten Moment nur „Oh Gott!" Für mich spricht eigentlich nur, dass ich innerlich eher schmunzeln musste und mich fragte „Wie konntest du das nur machen?" Ein sicheres Zeichen dafür, dass ich für eine spätere Profikarriere nicht zu sensibel gestrickt war. Das Wort Nigger war wie schon angedeutet Alltag für uns

Schwarze und prägender Bestandteil des Rassenumgangs in den USA, dem wir eigentlich kaum noch Beachtung schenkten. Natürlich gewannen wir am Ende das Spiel in Borgia noch klar.

Ab der 11. Klasse wurden wir so gut, dass unser Spiel in der unserer Region und darüber hinaus Aufmerksamkeit erregte. 1978 erreichten wir erstmals das regionale Finale im Highschool-Basketball, das in Mc Kinley, einem Stadtteil von St. Louis, ausgetragen wurde. Vor Beginn des letzten Viertels führten wir mit einem Punkt. Der Trainer der gegnerischen Mannschaft hatte in der Viertelpause die Direktive ausgegeben, den Ball nur noch in den eigenen Reihen zu halten, da auch er uns für das bessere Team hielt. Damals gab es die 24-Sekunden-Regel noch nicht und man durfte den Ball tatsächlich ohne Zeitlimit im eigenen Team endlos kreisen lassen. Als ich sah, dass unser Coach nichts dagegen unternehmen wollte – wir hätten ja nur foulen müssen -, wurde ich echt wütend und legte mich mit ihm an. Er war sowieso nicht gerade mein bester Freund, da er vor Farbigen keinerlei Achtung zu haben schien. Ich geriet also mit ihm in Clinch, aber umsonst, denn in den letzten

Sekunden gelang den Boys aus der Großstadt ein Korberfolg und wir verloren mit einem Punkt und völlig unnötig dieses bedeutende Spiel. Anschließend machte ich mir das erste Mal in der Umkleidekabine Gedanken übers Coaching. Vielleicht war das ein erster Impuls für meine spätere Trainerkarriere.

Noch besser lief es in meinem letzten Highschooljahr. Diesmal erreichten wir sogar das State-Finale von Missouri in Kansas City. Gegen ein abgezocktes, ausschließlich schwarzes Team waren wir allerdings trotz der unglaublichen Klasse von Tony chancenlos und verloren noch achtbar mit nur 15 Punkten Differenz. Zum Finalspiel begleiteten uns Fans in 9 oder 10 Bussen, die uns nach Kräften unterstützten. Sie waren trotz unserer Niederlage so stolz auf ihr Team! Nie wieder hat seitdem eine Mannschaft aus Wentzville ein State-Final erreicht!

Die Schulzeit endete für mich mit dem Abschlussball im Mai 1979. Trotz meines immensen Zeitaufwandes für den Basketball war ich ein guter, fleißiger und engagierter Schüler. So wurde ich mehrmals mit einem Stimmenanteil von 80% zum Klassensprecher gewählt, spielte nebenbei noch Theater und kümmerte mich um benachteiligte Schüler. Für viele Schwarze war ich schon „zu weiß", zu angepasst, die meisten Weißen beargwöhnten meinen Werdegang und meine wachsende Popularität. Also saß ich zumindest in der öffentlichen Wahrnehmung irgendwie zwischen den Stühlen. Zum „Prom", dem deutschen Abiball vergleichbar, durfte ich als von den Mitschülern gewählter „Prom King" auftreten, eine besondere Ehre für mich! Da ich fürs andere Geschlecht in meiner Heimat bislang keine Zeit gehabt hatte, begleitete mich ein Mädchen aus Chicago als Partnerin zum gesellschaftlichen Großereignis, das ich - wie sollte es anders sein - natürlich auch im Zusammenhang mit meinem Sport kennen gelernt hatte.

Wie immer in Begleitung von Tony saß ich in einem Greyhound-Bus auf der Fahrt zu einem weiteren Basketball-Camp nach Iowa. Während der langen Reise kam ich mit einem Girl ins Gespräch, das in unserer Nähe saß. Wir unterhielten uns längere Zeit und sie wurde mir immer sympathischer. Also vereinbarten wir beim Abschied, dass wir trotz der großen Entfernung zwischen unseren Wohnorten Kontakt halten wollten.

Das schafften wir erstaunlicherweise ein ganzes Jahr hinweg telefonisch und schriftlich, sodass sie mit ihrer besten Freundin, die Tony zum Abschlussball begleiten wollte, tatsächlich ein Jahr später bei uns in Wentzville erschien.

Aber vorweg noch ein paar Sätze zu diesem zweiwöchigen Camp in Iowa, das von der Trainerlegende Lute Olson geleitet wurde, seit 1983 Trainer der Mannschaft der University of Arizona. Wir kamen als eine der ersten im Camp an und begaben uns sogleich auf unser 3er-Zimmer, in dem zu unserer Überraschung bereits ein unscheinbarer Knabe mit seiner Mutter saß. Nachdem sie gegangen war, begannen wir oder besser gesagt Tony ein Gespräch mit ihm. Dabei tauschten wir einige Schulerlebnisse aus und erkundigten uns auch gegenseitig nach Anfragen bzw. Angeboten - sogenannten „Letters" -, die wir wegen unserer Basketballfähigkeiten von Colleges erhalten hatten. Tonys bescheidene Angebote konterte der Junge mit unglaublichen Anfragen von berühmten Colleges, die wir für reine Prahlerei halten mussten. Bevor Tony sauer werden und vielleicht mindestens „Du spinnst!" sagen konnte, klopfte Coach Olson an unsere Zimmertür und lud uns zu einem ersten kleinen Warm-Up auf dem Freiplatz ein. Dort wurde uns sehr schnell klar, dass dieser Bursche, der sich als kein geringerer als die spätere Basketballlegende Glenn „Doc" Rivers herausstellte, nicht übertrieben hatte. Gleich meinen ersten Pass auf ihn schloss er mit einem 360-Grad-Dunking ab. Nicht nur die Demonstration extremer Athletik bei diesem Mega-Dunk, sondern auch die Eindrücke, die ich später von den anderen Campteilnehmern gewann, machten mir schnell klar, dass ich in einem Camp der Extraklasse gelandet war und mich eigentlich nur hinten anstellen durfte. Dennoch lernte ich gerade in diesen zwei Wochen ungeheuer viel für meine spätere Karriere als Basketballer.

Rivers, der aus Chicago stammt, besuchte von 1979 bis 1983 das Marquette College und spielte als Aktiver insgesamt 13 Jahre in der NBA für die Atlanta Hawks, die Los Angeles Clippers, die New York Knicks sowie die San Antonio Spurs. 1982 nahm er mit dem Team USA an der Basketball-WM teil und wurde dort zum wertvollsten Spieler (MVP) des Turniers ausgezeichnet! Als Coach trainierte er die Orlando Magic, die Boston Celtics, mit denen er 2008 den NBA-Championship gewann, und seit 2013 die LA Clippers. Er ist ein heißer Kandidat für die Aufnahme in die Hall of Fame als Trainer. Wenn ich ihn heutzutage im Fernsehen sehe, frage ich mich oft, ob er sich wohl noch an die Zeit mit mir und Tony in Iowa erinnert.

Zurück zum Abschlussball in Wentzville. Als meine Freundin, die bisher ja nur eine Brieffreundin gewesen war, bei uns eintraf, fragte ich meine Mutter ziemlich naiv, ob sie bei mir im Zimmer übernachten dürfte, was meine Mum natürlich entrüstet abwies, mir aber bald darauf heimlich Geld für ein Hotelzimmer zusteckte. Tony buchte ohne Wissen seiner Mutter für sich und seine weibliche Begleitung ebenfalls ein Zimmer in diesem Hotel, was seine Mutter später ausflippen ließ, als sie davon erfuhr.

Bei der Graduation, dem offiziellen Schulabschluss, im Mai 1979 erlebte ich ein weiteres Highlight, als mich die Schulleitung im Anschluss an die Auszeichnung von drei akademisch sehr erfolgreichen Schülerinnen und Schülern aufrief und für meine gesamte Performance als

Schüler und Kapitän unserer Basketballschulmannschaft würdigte und verkündete, dass ich ein Stipendium der Naval Akademy bekäme. Letzteres war für mich zwar keine Neuigkeit mehr, aber die anschließenden Standing Ovations, die ich dafür vom gesamten Auditorium erhielt, hauten mich fast um. Meine Eltern waren mega stolz auf mich. In den USA haben die zwei Senatoren eines jeden Staates das Recht jeweils einen Schüler als Stipendiaten für die Navy, die Army und die Airforce vorzuschlagen. Also ist eine solche Nominierung wie ein Sechser im Lotto, vor allem, wenn man aus einer ärmeren Familie stammt, die niemals das Geld für den Besuch eines Colleges aufbringen könnte. Ohne eine solche Art von Stipendium verschlingt ein Collegebesuch schnell ein kleines Vermögen!

Als nicht so erfolgreich erwies sich die folgende Hotelnacht mit meiner Freundin aus Chicago. Obwohl sie im Gegensatz zu mir sexuell nicht unerfahren war, wurde es nicht unbedingt ein erotisches Highlight für mich. Zu Details schweige ich an dieser Stelle lieber.

Weitaus mehr profitierte ich von einer Einladung zu einem einwöchigen Seminar mit den Senatoren in

Jefferson City, der Hauptstadt Missouris. Hier konnte ich wieder eine Menge lernen und weiter Selbstbewusstsein tanken. Ich gehörte anscheinend, so unglaublich es mir vorkam, zur jungen Elite unseres Bundesstaates!

Natürlich träumte ich wie fast alle jugendlichen Basketballer von der NBA und traute zuerst selbst den Worten des Basketballtrainers der Naval Preparation School nicht, der mich mehrmals zu Hause in Wentzville aufsuchte, um mir die militärische Laufbahn schmackhaft zu machen. Gegen den Willen meiner Eltern, die die Sicherheit einer Militärkarriere favorisierten, machte ich mich mit Tony auf den Weg zum Three Rivers Juniors College nach Pinn Bluff/Arkansas, das an uns beiden als Basketballer interessiert war. Auf Anfragen renommierterer Colleges warteten wir leider vergeblich. Es war der erste Flug in meinem Leben. Er fing auch sehr gut an, bis wir mit unserer 10-sitzigen Propellermaschine in einen Sturm gerieten. Optisch war es ein Genuss hinter uns die Sonne und vor uns schwarze Regenwolken zu sehen. Als es dann aber anfing wie verrückt zu regnen und zu stürmen, verging uns der Spaß sehr schnell. Ich kämpfte mit enormen Ängsten und zunehmender Übelkeit. Gott sei Dank war es eher ein kurzer Flug, sodass wir bald wieder festen Boden unter den Füßen hatten. Dennoch war mir die Lust am Fliegen erst einmal gründlich vergangen! Tony entschloss sich wenig später, das Angebot dieses Colleges anzunehmen, ich folgte, auf den Rat meiner Eltern hörend, dem Ruf der Navy.

Unglücklicherweise hatte ich mich wenige Wochen vor dem Ausbildungsstart am Außenmeniskus verletzt und musste sogar operiert werden. Da ich meine Ausbildung nicht gefährden wollte, trat ich trotzdem pünktlich zum 1. Juli 1979 meinen einjährigen Dienst in der Naval Preparatory School in Newport/Rhode Island an. Es sollte das härteste Jahr meines bisherigen Lebens werden. Schön war lediglich die erste Begegnung mit dem Ozean. Die Ausbildung fand direkt an der Atlantikküste statt und ich konnte mich zuerst am nassen Element gar nicht genug sattsehen. Das bis zum Horizont reichende Wasser, der Strand, die Wellen, die Gischt, die stets wehende Brise vom Meer, die vom Geschrei der Möwen begleiteten traumhaften Sonnenaufgänge, es war alles einfach super schön und faszinierend für einen Menschen aus dem Binnenland!

Nicht so schön war gleich am ersten Tag der „Schwimmtest", bei dem wir alle in tiefes Wasser geworfen wurden, um die Schwimmer bzw. die geübten Schwimmer von den Nichtschwimmern und Schwimmanfängern zu trennen. Da ich zu Hause mehr gebadet als geschwommen hatte, kam ich zu meinem Leidwesen in die zweite Gruppe. Ich musste zwar nicht mit Hilfe einer Rettungsstange aus dem Wasser gefischt werden, durfte aber ab sofort schon um 5.30 Uhr statt um 6.45 Uhr aufstehen. So sah mein Tagesablauf in den folgenden Monaten stets gleich aus. Um 5.30 Uhr wurde ich geweckt, dann ging es erstmal für eine Stunde zum Schwimmtraining. Nach dem offiziellen Wecken um 6.45 Uhr blieb uns noch eine Viertelstunde Zeit bis zum Morgenappell auf dem Flur der Kaserne. Dabei wurde jede noch so kleine Verfehlung oder Nachlässigkeit mit einem sogenannten „Hit" geahndet. Zwei Hits durfte man sich pro Tag erlauben, waren es mehr, bedeutete jeder weitere eine Stunde marschieren am Wochenende. Ein Kamerad namens Cobb brachte es einmal auf sagenhafte 48 Hits in einer Woche. Das hieß, dass er quasi den ganzen Samstag und Sonntag durchmarschieren durfte! Ich glaube nicht, dass er die Ausbildung geschafft hat. Nach dem Antreten im Gebäude ging es zu einem Fahnenappell nach draußen, wo man auch namentlich aufgerufen wurde, um die Vollständigkeit der Truppe zu kontrollieren. Auf das Frühstück folgte ein mehrstündiger Unterricht, bei dem unter anderem enormer Wert auf Disziplin gelegt wurde. Nach einer etwa zweistündigen Mittagspause ging es bis 16 Uhr mit Unterricht weiter. Von 16 bis 18 Uhr wurde Sport getrieben, was für mich in der Regel Basketballtraining, aber auch viel Krafttraining hieß. Nach dem Abendessen stand dann noch Homework (Hausarbeiten) auf unseren Zimmern unter Aufsicht von sogenannten Guards und bei völliger Stille auf dem Programm. Kurz nach 22 Uhr fiel man dann völlig erschöpft ins Bett.

So hart und streng reglementiert dieses Programm war, mir hat es wirklich geholfen selbstständiger, selbstbewusster und disziplinierter zu werden. Meiner Persönlichkeitsentwicklung tat diese Zeit richtig gut und ich habe in diesem einen Jahr viel fürs Leben gelernt! Dass es bei nur einem Jahr blieb, lag wieder einmal am Basketball.

Gleich nach den ersten Trainingseindrücken mit dem Team unserer Naval Academy war mir klar, dass unsere Truppe nicht wirklich konkurrenzfähig gegen hochklassige Collegemannschaften sein würde. Es stellte sich auch schnell heraus, dass ich der mit Abstand beste Spieler des Teams sein würde und wir traten dann tatsächlich nur gegen Zweitvertretungen ziviler Colleges an. Das kam mir allerdings sehr gelegen, denn ich konnte in vielen Matches meine individuelle Klasse zeigen. Dabei fiel ich außerdem mit meinem teamorientierten Spiel einigen Coaches gegnerischer Mannschaften auf, die mich mehrfach ansprachen. So kam es mit Verspätung und auf einem Umweg zu den im Vorjahr herbeigesehnten Angeboten. Besonders hartnäckig war George Blaney vom renommierten "weißen" College of the Holy Cross in Worchester/Massachusetts, das Jesuiten gegründet hatten. Er versuchte immer wieder mich abzuwerben. Dabei machte er mir auch Angst mit dem Gespenst weiterer Kriegseinsätze der USA, die ich nach seinen Worten als Soldat nicht überleben würde. Schließlich ließ ich mich zu einigen Probetagen überreden und machte Bekanntschaft mit Ronnie Perry, der bereits im Holy Cross studierte und trainierte. Er war es, der mich letztendlich überzeugte und vom militärischen Weg abbrachte. So wurde ich der zweite Farbige, der dieses berühmte College vertreten durfte. Mit seinem enormen Können imponierte Perry mir sehr und ich freute mich schon darauf, Mitspieler an seiner Seite sein zu dürfen. Noch während seiner Collegezeit wurde er unsterblich, als er dreimal ins First-team Academic All-American für die Sportarten Baseball und Basketball gewählt wurde. Zwei Sportarten perfekt zu beherrschen, war eigentlich eine Sache der Unmöglichkeit! Er schaffte es und wurde nach seinen Collegejahren sowohl von den Boston Celtics im Basketball als auch von den Chicago White Socks, für die er einige Saisons erfolgreich spielte, im Baseball gedraftet.

Meine Eltern tolerierten letztendlich meine Entscheidung und waren selbstverständlich auch stolz auf einen Sohn, der soeben ein Scholarship eines berühmten Colleges angenommen hatte, das mir neben der Weiterentwicklung als Sportler die Möglichkeit bot, ein kostenloses BWL-Studium zu absolvieren.

3.

Holy Cross war ganz anders, als ich es mir vorgestellt hatte: kleiner, ruhiger und sehr christlich, strenger und anstrengender, akademischer und weniger sportfixiert. Es handelte sich um eine elitäre erzkatholische Kaderschmiede für Kinder weißer, einflussreicher Topverdiener. So waren unter den Eltern viele Senatoren, Richter, Ärzte und Manager großer Firmen, die die irisch-englische Tradition hoch hielten und sehr großen Wert auf eine anspruchsvolle akademische Ausbildung legten, wie sie auch die vielen bekannten Persönlichkeiten genossen hatten, die als Ehemalige weiterhin den Kontakt zum College hielten. Darunter befand sich auch mein persönliches Vorbild Bob Cousy, der als einer der besten Point Guards aller Zeiten gilt, sechs NBA-Meisterschaften gewann und in die Hall of Fame des Basketballs aufgenommen wurde.

Der Unterricht erfolgte in alten geschichtsträchtigen Gemäuern überwiegend durch Jesuiten-Priester, die im benachbarten Kloster wohnten. Den permanenten

Aufforderungen zum Konfessionswechsel der Jesuiten widerstand ich vier Jahre lang standhaft, was taktisch sicherlich nicht besonders clever war.

Der gesamte Campus war auf einem Hügel errichtet worden, an dessen Fuß sich ein Football-Field befand. Abgetrennt durch eine Zufahrtsstraße folgten die Wohnblöcke für die Studenten, an die sich noch weiter oben die Unterrichtsräume anschlossen. Ganz oben auf dem Hügel befand sich die Basketball-Arena. Holy Cross besaß eine alte Basketballtradition, hatte sich jedoch in der Zwischenzeit mehr auf die Ausbildung akademischer Nachwuchskräfte spezialisiert. Für mich bedeutete das erst einmal lernen, lernen, lernen! Zu meinem Entsetzen stellte sich bald nach meiner Aufnahme heraus, dass unser Basketballteam zugunsten der akademischen Qualität nicht in der vorgesehenen und natürlich auch von mir favorisierten Big East-Division antreten würde. Von besonderem Interesse war für mich die Vorbereitung von Ronnie Perry auf die Trials, die ich begleiten durfte. Er arbeitete unheimlich hart, schaffte es aber letztendlich doch nicht in die NBA, leicht desillusionierend für mich, war er doch ein Top-Spieler.

Ein echtes Highlight am ersten Schultag war für mich die Begegnung mit Richie Guerin Junior, dessen Vater 14 Saisons in diversen NBA-Clubs gespielt, anschließend acht Jahre als Trainer in der NBA gearbeitet und dann als Börsenmakler unendlich viel Geld gemacht hatte. Richie stellte sich den versammelten Studenten des ersten Jahrgangs in einem nagelneuen BMW vor, den er zum Abi von seinem Vater geschenkt bekommen hatte und den er vor aller Augen mit quietschenden Reifen brutal zum Stehen brachte. Lässig entstieg er dem geilen Gefährt und stellte sich mit großer Klappe vor. Da er auch für unser Basketballteam vorgesehen war, wurden wir sehr schnell beste Freunde und vom zweiten bis zum vierten Collegejahr auch unzertrennliche Basketball-Roommates, gemeinsame Bewohner eines Zimmers auf Reisen zu Auswärtsspielen. Durch ihn lernte ich das Milieu der Upperclass kennen, wenn er mich an den Wochenenden mit in sein Elternhaus nahm. Er benahm sich wie ein echter New Yorker, war stets gut gelaunt und um keinen Spruch verlegen. Nach seiner Collegezeit stieg er natürlich in die Firma seines Vaters ein, die er später auch leitete. Leider haben wir uns inzwischen aus den Augen verloren.

Im ersten Jahr, als Freshman, war Eddie Thurman mein Zimmerkollege im College. Eddie stammte aus Boston, war ein hervorragender Point Guard und kam als Transfer zu uns von einem basketballerisch besseren College, auf dem er aus unerfindlichen Gründen gescheitert war. Er besaß eine von Sommersprossen übersäte Haut und extrem lange Beine bei einem sehr kurzen Oberkörper. Er hatte die dumme Angewohnheit nachts häufig im Zimmer umherzulaufen, was ab und an meine Nachtruhe störte. Beim Gehen stakste er mit fast vollständig durchgedrückten Beinen durch die Gegend, sodass man den Eindruck gewinnen konnte, dass er seine Kniegelenke eigentlich gar nicht benötigte. Basketball spielen konnte er jedoch exzellent!

In den Vorbereitungsspielen zu meiner ersten Saison für Holy Cross war ich oft in der Startformation, allerdings vor allem, um die Stammspieler zu größeren Leistungen anzustacheln. Später musste ich mich als Freshman natürlich meist mit der Rolle eines Rollenspielers zufrieden geben. Dennoch war es die erfolgreichste Saison während meiner Zeit bei Holy Cross. Wir erreichten 21 Siege bei nur 10 Niederlagen, rangierten im Ranking von mehreren tausend Colleges um Platz 30 und mussten das letzte Saisonspiel gegen die Boston University unbedingt gewinnen um in das NCAA-Turnier zu kommen, das die Saison abschloss. Sekunden vor Schluss führten wir mit einem Punkt, als quasi in letzter Sekunde einem Gegenspieler ein Korb aus rund 20 Metern Entfernung gelang. Aus der Traum vom super Turnier. Stattdessen durften wir im weniger bedeutenden NIT-Turnier teilnehmen, wo der Medienrummel kaum geringer war. Viele Spiele wurden im Fernsehen übertragen, die Hallen waren mit vielen tausend Zuschauern regelmäßig ausverkauft und Medienleute belagerten auch uns Spieler.

In der ersten Runde des NIT-Turniers gewannen wir mit einem Punkt gegen Mississippi-State. Unser College kassierte dafür eine halbe Million Dollar! Daran erkennt man, wie wichtig sportliche Erfolge für diejenigen Colleges sind, die großzügig Stipendien an sehr talentierte Sportler vergeben. In der zweiten Runde sahen wir uns vor die so gut wie unlösbare Aufgabe gestellt, auswärts gegen das legendäre Team der Syracuse University antreten zu müssen, die 25000

Studenten hatte. In dem riesigen überdachten Dom saßen sage und schreibe 36000 Zuschauer, fast alle in Orange gekleidet, und wollten uns spielen sehen! Wahnsinn! Vor diesem orangenen Wall zu spielen war eine unglaubliche Erfahrung für mich! Die Zuschauer machten solch einen Lärm, dass wir in den Auszeiten die Anweisungen unseres Coachs kaum verstanden. Selbst unser Star Garry Witts, der später von den Washington Wizzards gedraftet wurde, verlor die Nerven bei einem Freiwurf. Obwohl ich nur im letzten Viertel fünf Minuten spielen durfte und wir mit 20 Punkten Differenz aus dem Dom gefegt wurden, läuft mir noch heute ein Schauer über den Rücken, wenn ich an dieses einmalige Erlebnis denke!

Trotz einiger großartiger Erfahrungen liebäugelte ich nach meinem ersten Collegejahr mit der vorzeitigen Beendigung meiner Collegezeit. Holy Cross war einfach nicht meine Welt. Selbst nach vier Jahren konnte ich nicht sagen, dass ich dort bleibende Momente empfing. Dank meiner Eltern, die sich vehement gegen einen weiteren Wechsel nach nur einem Jahr sträubten, setzte ich schließlich meine Ausbildung bei den Jesuiten doch noch fort.

Leider erreichte Holy Cross während meiner Studienzeit nie wieder ein Endrundenturnier, obwohl ich in meinem zweiten Jahr, als Sophomore, regelmäßig in der Starting-Five stand und wir Verstärkung durch den farbigen Larry Westbrook erhielten. Unsere Sieg-Niederlagen-Bilanz war in den folgenden drei Saisons immer ziemlich ausgeglichen, aber nicht gut genug fürs Weiterkommen.

Meine persönliche sportliche Bilanz wurde durch eine schwerwiegende Verletzung getrübt, die ich mir bei einem Trainingsspiel zuzog. Auf dem Weg zum Korberfolg per Dunking wurde ich von meinem mich verfolgenden Gegenspieler von hinten so heftig bedrängt, dass ich beim Versenken des Balls mit voller Wucht mit meiner Wurfhand gegen den eisernen Ring schlug. Beim anschließenden Fall auf den Hallenboden stützte ich mich zu allem Unglück auch noch mit meinem linken Wurfarm ab. Die niederschmetternde ärztliche Diagnose lautete: Bruch des linken Handgelenks. Als Therapie hätte mir eine einjährige Basketballpause empfohlen werden müssen, die Trainer und das

Ärzteteam wollten jedoch, dass ich so schnell wie möglich wieder auf dem Court stehe! Im Nachhinein keine gute Entscheidung, da ich bis heute die Nachwehen der damaligen Verletzung spüre. Selbst die theoretische Chance auf eine NBA-Karriere, die sogar mein Idol Bob Cousy für möglich hielt, habe ich mir dadurch wahrscheinlich verbaut.

Larry Westbrook war ein kräftiger Aufbau und ein super intelligenter Mensch, der jedoch absolut radikale afroamerikanische Ansichten vertrat und damit auch nicht hinter dem Berg hielt. Er war ein echtes Großmaul und Actionheld und legte sich gerne mit jedermann an, der nicht seine Positionen teilte. Als er zum Beispiel hörte, dass ich in meinem ersten Jahr beim Rasieren im Waschraum auf einen weißen Studenten traf, der zugab noch nie zuvor einen schwarzen Menschen live gesehen zu haben und glaubte, dass wir Schwarzen uns nicht rasieren müssten, schüttelte er sich vor Lachen und fluchte auf die elitäre Welt von Holy Cross. Für ihn waren die Jahre am College wahrlich keine leichten, er hätte sich besser einen anderen Studienort aussuchen sollen! Wir wurden jedoch trotz unterschiedlicher politischer Ansichten sehr gute Freunde und ihm verdanke ich auch bei der Suche nach einer weiblichen Begleitung für den Abschlussball nach dem zweiten Collegejahr den ersten Kontakt zu Maryann Hennessey, einem süßen, bodenständigen weißen Mädchen, das im Jahrgang unter mir studierte. Sie sagte spontan zu, mich zu begleiten und wurde meine erste feste Freundin. Wir blieben von 1982 bis 1984 ein Paar. Sie stammte wie Richie aus reichem Hause. Ihr Vater war Präsident einer großen Firma. Die Familie bewohnte eine vierstöckige Villa mit Pool und besaß drei Autos. Überrascht erlebte ich, wie positiv sich Maryann's Eltern vom ersten Kennenlernen an mir gegenüber verhielten. Ich wurde wie ein eigener Sohn aufgenommen, durfte den Rasen mähen, aber auch den Mercedes fahren. Ich konnte keinerlei rassistische Ressentiments mir gegenüber entdecken und war happy! Sicherlich hat mich diese Erfahrung im weiteren Umgang mit Menschen unterschiedlicher Rassen und Hautfarben geprägt.

Larry wurde beinahe Opfer eines der vielen Saufgelage, die an den Wochenenden auf dem Campus stattfanden und bei denen sich unter anderen die Footballspieler besonders hervortaten. Einige dieser Jungs waren wahre Titanen mit Bärenkräften, die sie nicht selten mit Hilfe verbotener Substanzen pushten. Während also Larry in seinem Zimmer für eine Prüfung lernte, randalierte ein riesiger betrunkener Footballspieler auf dem Flur. Mein Freund wollte sich das nicht bieten lassen und legte sich mit dem Giganten an, der ihn jedoch mit Leichtigkeit emporhob und ihn an seiner breiten Brust zu erdrücken drohte. In seiner ihm von Larry bereiteten Notlage biss er ihm fast die Nase ab. Blutüberströmt ließ Larry locker. Nur mit einer Not-OP, bei der ihm sein Riechorgan wieder angenäht wurde, konnten die Ärzte die Nase meines Freundes retten. Letzterer wollte aber nicht klein beigeben, sodass dieser Vorfall später regelrechte Rassenunruhen in und ums College auslöste. Die Polizei musste des Öfteren einschreiten und aufgrund von Larrys politischem Engagement kamen berühmte schwarze Anführer wie Reverend Al Sharpton und der nicht minder bekannte Jesse Jackson nach Worchester. Die Fernsehkanäle des gesamten Landes berichteten über den Vorfall und seine Auswirkungen. Noch heute engagiert sich Larry als Direktor einer großen Stiftung für Kinder unterprivilegierter US-Bürger. Ich muss gestehen, dass er wahrscheinlich in mir das Interesse an sozialen Projekten geweckt hat und mir damit auch die Tür zu einer späteren Karriere als Basketballcoach öffnete.

Obwohl meine Erwartungen an Holy Cross bei weitem nicht alle in Erfüllung gegangen waren, hatte ich mich immerhin akademisch durchgesetzt und bestand nach den vier Collegejahren mein Examen in Ökonomie, womit mir die große, weite Businesswelt offenstand.

4.

Der Sommer 1984 war die wildeste Zeit meines Lebens. Nach meinem Studienabschluss stand mir zwar erst einmal überhaupt nicht der Sinn nach einem sofortigen Eintritt in den Job-Markt, aber auf Drängen einiger vernünftiger Menschen ließ ich mich überzeugen, dass es nicht verkehrt wäre, sich mit meinem Abschluss in Economics in der Tasche bei einschlägigen Firmen zu bewerben. So stellte ich mich in dem Dress, den mir Maryann's Eltern zum bestandenen Examen geschenkt hatten, auch beim Finanzdienstleister „Manufacturers Hannover Trust" vor. Zum dunkelblauen Sakko trug ich eine hellblaue Hose, ein weißes Shirt und Krawatte. Das erste, was ich vom Personalchef zu hören bekam, war: „Mr. Elzie, ihr Outfit geht gar nicht!" Leicht geschockt kämpfte ich mich durchs anschließende Vorstellungsgespräch und konnte es als großen Erfolg verbuchen, dass ich doch zum 1. August mit einer 6-monatigen Probezeit beginnen durfte.

Davor wollten Richie, Steve und ich jedoch erst einmal ausgiebig das exzessive Leben in New York City genießen. Steve, der beste Freund von Richie aus Highschool-Zeiten, war ein wilder, ungehemmter Typ, den ich noch während meiner Collegezeit an einem von etlichen Wochenenden in New York kennen gelernt hatte. Richie führte mich eines Tages so gegen 16 Uhr zu Steves Wohnung, klopfte höflich an und trat, als er keinen Laut hörte, mit mir im Schlepp einfach durch die unverschlossene Tür ein. Das hätten wir lieber nicht tun sollen, denn vor uns lümmelte sich ein Mann mit einem Herrenmagazin in der Hand ungeniert masturbierend auf der Couch. Bevor wir noch eine Entschuldigung stammeln konnten, rief er uns zu: „Bin gleich fertig!" Ich hatte so etwas Unglaubliches noch nicht erlebt und war erst einmal geschockt. Ein saucooler Kerl! Richie quittierte Steves obszönen Auftritt lediglich mit einem Lachen. Dennoch sollte Steve schnell ein sehr guter Freund und nach meinem Examen auch mein Mitbewohner in einem Haus in Hempstead/New York werden. Zu dritt machten wir von nun an New York unsicher und fast jeden Abend Party. Dank Richies guten

Beziehungen bekam ich Zugang zum VIP-Bereich im Madison Square Garden, durfte gemeinsam mit 20000 Zuschauern etliche NBA-Spiele der New York Knicks live erleben und Basketballgrößen wie Kareem Abdul-Jabbar, Magic Johnson und anderen die Hand schütteln. Echte Gänsehauterlebnisse! Ein ganz besonderes Highlight war der Augenblick, als zum ersten Mal in der Geschichte des US-Basketballs fünf Schwarze gemeinsam für ein Team auf dem Feld standen. Ich war live vor Ort!

Unsere Unterkunft für die Sommerferien lag in einem ghettoähnlichen Viertel Long Islands in unmittelbarer Nachbarschaft von Straßenstrich, Kokainhandel und ewiger Polizeipräsenz. Es war eine absolut gefährliche Gegend!

Unser Tagesablauf war immer der gleiche. Ziemlich spät standen wir auf, bereiteten mehrere Kühlboxen mit süßen Riegeln und Eiscreme vor, die wir mit gecrushtem Eis bedeckten. Damit gingen wir an die Malibu oder Jones Beach und verkauften, illegal natürlich, unser Zeug für einen Dollar pro Stück. So hatten wir am Abend bis zu 100 Dollar in der Tasche, mit denen wir uns ins Nachtleben stürzten und die bunte Welt der unzähligen Discos unsicher machten, von denen sich viele in Hotels befanden.

Steve und Richie hatten keine Hemmungen pausenlos wildfremde Mädchen anzuquatschen. Eines Abends schleppte Steve zwei bildhübsche lesbische Mädchen an, die er mir als seine Freundinnen vorstellte. Ich sollte sie an diesem Abend begleiten. Schließlich landete ich mit ihnen und Steve in einer Schwulen-Disco. Für mich war es eine interessante, aber auch gewöhnungsbedürftige Erfahrung, zu sehen, wie sich zwei Männer in der Öffentlichkeit küssten. Leider wurden wir beide nach kurzer Zeit auch von einigen Typen angemacht. Ich suchte Steves Nähe, damit man annahm, dass wir ebenfalls ein Paar wären. Zu fortgeschrittener Stunde wurde Steve heftig von einem Schwulen bedrängt. Mit den Worten "Okay, ich treff dich draußen!", hoffte Steve ihn los zu werden. Vor der Disco sahen wir stattdessen, dass der Typ seinen Wagen geholt hatte und uns beide aufforderte, zu ihm ins Auto zu steigen. Das war für meinen angetrunkenen und stets stürmischen Kumpel zu viel. Er ging zu dem mit laufendem Motor wartenden Wagen und schlug dem Typen durchs offene Wagenfenster unvermittelt eine auf die Zwölf. Typisch Steve! Der Kerl raste los und wenig später fielen Schüsse. Die Meute draußen rannte in Panik in die Disco. Sekunden später hörten wir auch schon die Polizei kommen, die in New York überall schnell vor Ort ist. Als sich die Lage wieder beruhigt hatte, schleppten mich die beiden Lesben zu sich nach Hause ab. „Du kannst bei uns schlafen!", lautete ihr unverdächtiges Angebot. Dass dazu auch eine lesbische Sex-Liveshow gehörte, konnte ich als immer noch naiver Countryboy nicht ahnen.

Schließlich bekam Steve eine feste Anstellung bei „Platos Retreat", einem der ersten Swingerclubs New Yorks. Als

Servicekraft ging seine Arbeitszeit von 23 Uhr bis 7 Uhr morgens. Als ich am 1. August meinen Dienst bei Manufacturers Hannover Trust antrat, sahen wir uns kaum noch. Wenn ich schlief, musste er arbeiten und wenn ich morgens um 5.30 Uhr aufstand und noch vor 7 Uhr zur Bahn musste, da mein Dienst bereits um diese Zeit begann, war er noch gar nicht zu Hause. Diese morgendlichen Bahnfahrten waren das extreme Gegenteil zu unseren abenteuerlichen Ausflügen ins New Yorker Nachtleben. Die Menschen standen und saßen dicht gedrängt und doch vereinsamt in den überfüllten Zügen, eine scheiß Atmosphäre!

Aber so weit war es noch nicht. Die Party ging weiter! In den Sex-Club „Platos Retreat" strömten Nacht für Nacht 300 bis 400 Menschen. Aids war noch kein Thema. Für 50 Dollar pro Nacht konnten sich Männer und Frauen, für die es regelmäßig bei der „Ladys Night" freien Eintritt gab, sexuell austoben. Einmal erlebte ich, wie sich ein Mann als Frau verkleidet bei einem solchen Themenabend einschmuggeln wollte. Leider vergeblich!

Eines Nachts schleppte mich Steve gegen 5 Uhr morgens in einen riesigen Club, in dem sich anscheinend nur

Asiaten und Transvestiten aufhielten. Wir durchquerten fast die ganze untere Etage bis zu einer Treppe, die nach oben führte. Dort angekommen, klopfte Steve an die Tür und es wurde uns aufgemacht. Ich war total erstaunt, als ich in dem weitaus kleineren Privatclub Robert de Niro mit zwei Frauen im Arm in einer Ecke sitzen sah. Als ich dann für 5 Dollar eine winzige Coke serviert bekam und weitere Prominente erspähte, wusste ich, dass ich in einem Nobelclub gelandet war. Doch das Tollste sollte noch kommen. Ein älterer Herr, der Steve zu kennen schien, kam in Begleitung einer wunderschönen reiferen Frau auf uns zu und machte uns schon bald ein zumindest in meinen Augen äußerst unmoralisches Angebot. Er bot jedem von uns 300 Dollar, wenn wir in seiner Gegenwart mit seiner attraktiven Begleiterin ins Bett stiegen. Steve blieb zumindest äußerlich absolut locker, für mich war das eindeutig zu viel!

Ebenfalls durch Steves Vermittlung, der anscheinend mit der Besitzerin etwas am Laufen hatte, bekamen wir beide einen Job in der Malibu Beach Disco, die bis zu 2000 Besucher aufnehmen konnte. Steve durfte als Türsteher arbeiten und ich wurde dank meiner beeindruckenden Figur dem Security-Personal zugeteilt, das in der Disco für Ruhe und Ordnung sorgen sollte.

Eines Abends beleidigten zwei Boys die Besitzerin in einer Tour und gaben auch nach etlichen Ermahnungen und Verwarnungen keine Ruhe. Schließlich kam sie mit den Worten „Die müssen raus!" zu mir an die Bar. Ich ging also äußerlich sehr entspannt zu den beiden und versuchte es erst einmal auf die höfliche Tour. „Tut mir leid, Jungs, aber..." Weiter kam ich nicht. Die Krawallmacher beleidigten auch mich im übelsten Brooklyn-Slang. „Fuck you!" Plötzlich sprangen sie auf, direkt auf mich zu. Der erste wollte mich auf den Boden werfen. Als stärkerer und deutlich schwererer hob ich ihn locker empor. Sofort kam ihm sein Kumpel zur Hilfe, den jedoch der Barkeeper mit einem Sprung über den Tresen abfing. Das hätte er lieber gelassen, denn der Typ hatte bereits einen Schlagring über seine Hand gezogen und verpasste meinem Retter einen Volltreffer ins Gesicht. Blutüberströmt und schwer verletzt stürzte der gute Mann zu Boden. Mich hatte er zwar vor Schlimmerem bewahrt, leider auf Kosten seiner eigenen Gesundheit. Als ich ihn später im Krankenhaus besuchte und ihm für seine Unterstützung dankte, erfuhr ich, dass er etliche Frontzähne verloren hatte, seine Nase war gebrochen und er musste mehrfach operiert werden. Die beiden Schläger wurden übrigens relativ schnell von anderen herbeieilenden Security-Leuten überwältigt und der Polizei übergeben. Für meinen Retter nachträglich leider kein Trost.

Gegen Ende der Sommerferien, also noch kurz vor meinem Einstieg in den Berufsalltag, erhielt ich mehrere Anrufe vom Holy Cross Absolventen Gene Looram, den es als Basketballagenten nach Deutschland verschlagen hatte und der immer noch eng befreundet mit dem Coach von Holy Cross war. Gene wollte mich als Basketballprofi in die deutsche Bundesliga vermitteln. Zuerst war ich noch ziemlich unentschlossen. Ich war doch auf dem direkten Weg ins Finanzgeschäft. Nach dem Vorfall mit Gottis Neffen, der sich ereignete, als ich erst wenige Tage arbeitete, sah die Welt auf einmal ganz anders aus und ich schlug wieder einmal unerwartet einen völlig neuen Weg ein. Mein Auto und meine wenigen Habseligkeiten blieben bei Steve, ein

Pass war schnell besorgt und ich bestieg mit einem One-Way-Ticket in der Hand einen Flieger Richtung Europa.

5.

New York von oben sah wie immer imposant aus. Mein Flug nach Luxemburg war eher eine Reise ins Ungewisse. Was erwartete mich in Europa, von dem ich nicht gerade viel wusste? Übersee hatte ich niemals auf dem Schirm gehabt. Ich zögerte lange, nachdem mir meine Mutter eines Tages mitgeteilt hatte, dass es da jemanden gäbe, der mich sprechen wolle. Irgendwann telefonierte ich dann doch noch mit Gene Looram in Bayreuth. „Hi Pat, hast du Lust als Basketballprofi nach Deutschland zu kommen? Ein erstklassiger Basketballclub in Gießen braucht dringend kurzfristig einen perfekten Mann aus den Staaten. Ich glaube, du wärst genau der Richtige für diesen Job. Die hatten bereits einen Typen aus den USA. Der hat sich aber urplötzlich aus dem Staub gemacht, als er erfuhr, dass er eine Deutsche geschwängert hat. Glaub mir, das ist deine letzte Chance, doch noch professionell Basketball zu spielen!" Meine Antwort lautete erst einmal „Nein!" Gene ließ aber nicht locker und meldete sich immer wieder bei mir. Auch Steve und Richie rieten mir zu und versuchten beharrlich mich zu überzeugen. Beide waren natürlich immer für ein Abenteuer zu begeistern. Eigentlich imponierte mir das Leben in New York zu sehr, als dass ich solch ein Risiko eingehen wollte. Andererseits fühlte ich während der ersten Tage der Probezeit, dass ich für einen festen Job noch nicht bereit war. Ich hatte sogar schon die Möglichkeit ins Auge gefasst, zu meiner Mutter nach Missouri zurückzukehren und dort mein Glück zu versuchen. Verlockend an Gene's Angebot war aber die sehr kurze Kündigungsfrist während der Probezeit. Irgendwann, als wir ein weiteres Mal telefonierten, war ich soweit: „Gut, ich mach es!"

Der MTV Gießen war zuletzt 1976 Deutscher Meister geworden und spielte mit 11 weiteren Teams in der 1. westdeutschen Liga. Ich hatte keine Ahnung vom europäischen Basketball, konnte mir überhaupt nicht vorstellen, wie man in Europa lebt, sah aber in meiner Verpflichtung eine super Chance für mich, ein oder zwei

Jahre Erfahrung auf internationalem Parkett zu sammeln und dann vielleicht doch noch den Traum von der NBA zu verwirklichen. Dass meine Erwartungen leicht überstiegert waren, merkte ich sehr schnell. Statt eines First-Class-Fluges hatte man mir ein One-Way-Ticket in der Holzklasse von New York City nach Luxemburg geschickt. Als ich allein und ohne ein Wort Deutsch in Luxemburg in einen Fernbus nach Frankfurt am Main stieg, war mir klar, dass ich wohl doch nicht der große Star aus USA war, auf den alle warteten. Die nächtliche Busfahrt erwies sich als eine Mördertour. In jedem Kaff hielt der Bus und die Sonne war bereits aufgegangen, als ich endlich den Frankfurter Hauptbahnhof erreichte. Am Bahnhof wartete bereits Gießens Präsident Karl Ampt auf mich. Der ehemalige deutsche Nationalspieler und Olympiateilnehmer von 1972 praktizierte inzwischen als Zahnarzt in Gießen und wollte es sich nicht nehmen lassen, die „schwarze Perle" aus den USA eigenhändig im roten Porsche zu seinem neuen Einsatzort zu chauffieren.

Sein Englisch war nicht gerade perfekt, dafür überzeugte er mich umso mehr mit seinem Fahrstil. Obwohl wir mein umfangreiches und schweres Gepäck nur mühsam in seinem Sportflitzer unterbringen konnten, startete er absolut rasant. Vor jeder roten Ampel stieg er so hart in die Bremsen, dass es mich sicher in die Windschutzscheibe geschleudert hätte, wenn ich nicht, anders als in den Staaten, angeschnallt gewesen wäre. Bei jedem Start drehten die Reifen durch und wir rasten mit röhrenden Auspuffrohren Richtung Autobahn. Unterwegs fielen mir die vielen Mercedes und BMW auf, die in den USA als Luxusautos galten. Selbst die meisten Taxis waren von Mercedes-Benz!

Lässig mit nur einer Hand am Lenkrad und seinen Blick meistens auf mich auf dem Beifahrersitz gerichtet, steuerte Ampt den Porsche auf den Highway. Als mein Blick auf den Tacho fiel und ich dort am Ende die Zahl 260 sah, wurde mir zum ersten Mal mulmig. Es sollte jedoch noch viel besser kommen. Während bei uns zuhause damals maximal 55 Meilen erlaubt waren, kletterte hier die Tachonadel schnell auf 150, dann immer weiter bis 220! Voll im Stress und mit feuchten Händen dachte ich: „Gleich heben wir ab!" Tatsächlich flogen wir an den anderen Autos nur so vorbei und nach exakt 24 Minuten hatten wir die 65 Kilometer zurückgelegt. Als ich später vom Hotel aus, in das man mich für „4 bis 5 Tage" einquartiert hatte, meinen Eltern telefonisch mitteilte, dass ich gut angekommen wäre und von der irrsinnigen Autofahrt berichtete, rief meine besorgte Mum: „Wie bitte? Komm sofort nach Hause!" Erst mein erfahrener Vater konnte uns aufklären, dass die Zahlen auf dem Tachometer Kilometerangaben waren. Trotzdem war ich, der ich es zu Hause einmal ganz stolz – und illegal – auf 100 Meilen gebracht hatte, im Nachhinein begeistert, dass ich in einem Auto bei einem Tempo von rund 150 Meilen gesessen hatte.

Im Hotel sollte ich nur so lange bleiben, bis meine Wohnung fertig renoviert wäre. Nachdem ich meinen Jetlag überwunden hatte, lockte mich natürlich sogleich die Halle. Am vierten Tag meines Aufenthalts holte mich der Manager persönlich ab und es ging erneut in die Halle. Da in Gießen noch Sommerpause war, waren wir nur zu viert. Neben einem älteren Basketballdozenten, der auch an der Uni lehrte, und dem Manager war nur noch ein „richtiger" Spieler anwesend, der kein Wort Englisch sprach und mir als Christopher Wysocki aus

Polen vorgestellt wurde. Wie ich später erfuhr, hatte er sich als polnischer Nationalspieler im Westen von der Mannschaft abgesetzt und kurz vor mir in Gießen einen Vertrag erhalten. Er war mir trotz unserer massiven Verständigungsprobleme sofort sympathisch. Wir zockten etwas zwei gegen zwei. Ich spielte richtig gut und hinterließ vor allem bei Christoph, der auch kein Schlechter war, einen hervorragenden Eindruck. Besonders imponiert haben ihm meine Dunkingkünste. Für ihn war ich ein echter Flieger! Mir imponierte an ihm vor allem die Zähigkeit, mit der er jahrelang um den Nachzug seiner Familie kämpfte, die er bei seiner Flucht in Polen zurückgelassen hatte. Letztendlich hatte er Erfolg und sein Sohn Konrad wurde sogar deutscher Nationalspieler. Wir stehen bis heute in engem Kontakt. Er ist und bleibt ein top Typ!

Nach etwa einer Woche erfolgte der offizielle Trainingsstart. Unser Headcoach war Günther Lindenstruth, sein Assistent Hans Hess und Heino Dörr, der die 100 Meter in 10,5 Sekunden sprinten konnte, fungierte als Athletiktrainer. Unter den deutschen Mitspielern waren so bekannte Namen wie der damals erst 18-jährige Michael Koch, Kapitän Josef Waniek und Olaf Teetz.

Das Training in Gießen war völlig anders, als ich es aus den Staaten gewohnt war. Zuerst einmal hieß es laufen, laufen, laufen. Bis zu einer Stunde waren wir in den Wäldern und Hügeln rund um Gießen unterwegs. Die Devise lautete: „Lauf, so lange du kannst!" Und anschließend ging es jedes Mal noch in die Halle! Beim Sprungkrafttraining mussten wir unter Anleitung von Heino Dörr über Hürden springen. Insgesamt war diese Art Saisonvorbereitung deutlich härter und meiner Meinung nach auch besser als daheim. Mir machte das Training in dieser sympathischen Truppe Spaß und ich wurde fitter als je zuvor.

Ampt besaß im bayerischen Nesselwang ein kleines Hotel, in das wir nach etwa drei Wochen Saisonvorbereitung in Vans reisten. Natürlich bildeten Christoph und ich als die beiden „Ausländer" auch hier eine Zimmergemeinschaft. Eine Woche lang sollte uns dort der letzte Schliff verpasst werden. Das Trainingslager war unglaublich hart. Schon vor dem Frühstück mussten wir lange Dauerläufe machen. Oft waren wir tagsüber bis zu fünf Stunden in Wäldern und bergauf, bergab unterwegs. Eines Tages stellte uns der Coach vor die Alternative, zwei Stunden in der Halle zu trainieren oder lieber mit der Alpspitzbahn auf den 1575 Meter hohen Alpspitz zu fahren und anschließend den Abstieg zu Fuß zu bewältigen. Leichtsinnig entschied sich die Mehrheit für die zweite Variante. Die Fahrt in einer Gondel auf den Nesselwanger Hausberg, begleitet von Drachenfliegern, war tatsächlich ein Erlebnis. Den Abstieg durften wir ohne unseren Trainer antreten, der sich wieder in eine Gondel talwärts gesetzt hatte. Für uns sollte es eine fünfstündige Tortur werden. Als alpin Unerfahrener landete ich mit Olaf Teetz und Jügen Süßlin in der letzten Gruppe, die sich zudem verlief und mit halbstündiger Verspätung wieder an der Talstation eintraf. Der Rest der Truppe wollte schon die Bergrettung losschicken und nach uns suchen lassen. Erschöpft mussten wir uns etliche dumme Sprüche und spöttische Bemerkungen unserer Teamkameraden anhören. Meine imaginären sterblichen Überreste wurden als „schwarzes Skelett" betitelt.

Abgesehen von diesen und einigen anderen harmlosen Späßen wurde ich in und um Gießen vorurteilsfrei aufgenommen. Als „Neger" erzielte ich in der Regel erstaunlich wenig Aufmerksamkeit, wenn man von einer lustigen Begebenheit anlässlich eines Lauftrainings einmal absieht. Unsere Truppe war mal wieder in freier Natur joggend unterwegs, als wir einen Vater mit seinem kleinen Sohn passierten. Als der Kleine mich sah, rief er seinem Vater zu: „Papa, Papa, guck mal, so ein hoher Neger!" Meine Begleiter konnten vor Lachen kaum weiterlaufen.

Ich erlebte die Deutschen als sehr zurückhaltend, distanziert und relativ desinteressiert. Obwohl sie eher kalt wirkten, benahmen sie sich doch keineswegs diskriminierend. Mit meiner Hautfarbe schien ich fast gar nicht aufzufallen. So hatte ich auch keinerlei Probleme, mich in einen Biergarten zu setzen und mit Freunden und Mädels aus dem Basketballumfeld zu feiern oder das angesagte Szenelokal „Die Zwiebel" zu besuchen.

Leider konnte ich immer noch nicht meine Wohnung beziehen. So landete ich in einem Zimmer, das das

Ehepaar Schroth in Heuchelheim, 11 Kilometer außerhalb von Gießen, in ihrer Gaststätte an den Verein vermietet hatte. Erna und Werner Schroth waren ein Herz und eine Seele. Sie nahmen mich wie einen eigenen Sohn auf. Erna bekochte mich von morgens bis abends und beide hatten stets ein offenes Ohr für mich. Da störte es auch kaum, dass ich die Toilette gelegentlich mit anderen Gästen teilen musste. Die meiste Zeit hauste ich sowieso allein im Obergeschoss des Hauses. Die Schroths wohnten unten auf einer Ebene mit ihrer Gaststube. Ernas Kochkünste ließen mich bis heute zu einem Fan der deutschen Küche werden. Werner betrieb nebenbei eine hauseigene Schlachterei. Ich sah ihm des Öfteren bei der Herstellung verschiedener Wurstwaren zu und durfte natürlich immer als erster kosten. Gut zwei Monate lebte ich bei ihnen bis ich endlich die vertraglich vereinbarte Wohnung in Gießen beziehen konnte.

Als Dienstwagen hatte mir der Verein einen orangenen Opel Ascona zur Verfügung gestellt, mit dem ich und meine neuen amerikanischen Freunde James McQueen und Larry Johnson Gießen und Umgebung unsicher machten.

Langsam wurde es ernst. Der Saisonstart rückte immer näher. Der Gegner in unserem ersten Heimspiel der Saison 1984/85 war kein geringerer als der Titelfavorit TSV Bayer 04 Leverkusen. Wieder einmal irritierte mich der Trainer, als er uns in der Teambesprechung vor dem Match mitteilte: „Wir wissen, dass wir keine Chance haben, aber bietet wenigstens eine gute Show!" So etwas wäre in den Staaten undenkbar gewesen! Entsprechend motiviert ging ich auch ins Spiel, das wir - wie immer vor ausverkauftem Haus - nach engem Spiel nur äußerst knapp mit zwei Punkten verloren. Also hatten wir als gut funktionierendes Team doch eine Chance gehabt! Am Ende der Saison sprang für uns ein 7. Platz heraus, eine deutliche Steigerung gegenüber Rang neun im Vorjahr, womit Gießen fast abgestiegen wäre.

Im nächsten Jahr verbesserten wir uns, verstärkt durch den deutschen Nachwuchsstar Henning Harnisch, auf Platz fünf. Leider wurde mein guter Freund Christoph

Wysocki ausgemustert und ich verlor so meinen besten Kameraden im Team.

In der Zwischenzeit hatte ich auch eine feste Freundin gewonnen, Babsi. Ihre Familie stammte aus Breslau und sie betrieb in Gießen eine Massage-Praxis und assistierte unserem Mannschaftsarzt. Sie war auch in der Freizeit ein gern gesehener Gast in unserer Truppe und wurde später meine erste Ehefrau.

Mit Babsi unternahm ich nach dem Saisonfinale eine 10-tägige Busreise nach Spanien. Leider erwies sich die Fahrt als ein totaler Flop. Hotel und Essen waren mies und ich fühlte mich von Tag zu Tag schlechter. Nach etwa einer Woche Vorbereitungstraining zuhause in Gießen wurde mir trotz gefühlt guter konditioneller Verfassung so übel, dass der Doc sicherheitshalber meinen Magenraum röntgen ließ. Der Magen war okay, aber mein Herz war so angeschwollen, dass es zu platzen drohte. Ich hatte mir eine lebensgefährliche Entzündung des Herzmuskels zugezogen, eine sogenannte Myokardie. Mit der Ambulanz wurde ich ins Gießener Klinikum transportiert und dort sofort mit starken Antibiotika behandelt. Ein junger Arzt schockierte mich mit der Nachricht: „Sie werden nie wieder Basketball spielen!" Ich war so fertig, dass ich am liebsten nach Wentzville zurückgekehrt wäre. Meine Mutter, die sich als Krankenschwester natürlich in medizinischen Angelegenheiten gut auskannte, hielt mich letztlich davon ab. In den USA wäre ich nicht ausreichend krankenversichert gewesen und wir hätten die Behandlungskosten überwiegend aus eigener Tasche bezahlen müssen. „Keep cool" wiederholte sie immer wieder. Die Folgen meiner Krankheit waren aber auch in Gießen überaus negativ. Über die Berufsgenossenschaft erhielt ich nur sechs Wochen Krankengeld. Der Verein zeigte sich von seiner schlechtesten Seite, kündigte meinen Vertrag und warf mich aus der für meinen Ersatzmann benötigten Vereinswohnung. Gott sei Dank waren wir inzwischen so gut befreundet, dass ich bei Barbara (Babsi) Giehl Unterschlupf fand. Schnell wurde ein Landsmann von mir engagiert, der mich jedoch nie vollwertig ersetzen konnte. Also durfte ich, als ich im Januar endlich wieder fit war, weiter für Gießen auflaufen. Mangels Alternativen – vor allem bedingt durch den Unsicherheitsfaktor Gesundheit - und immer noch sehr enttäuscht von meinem Arbeitgeber nahm ich das erneute Angebot an.

Mein Comeback wurde zu einem Triumph für mich. Die Halle stand Kopf und ich wurde mit Standing Ovations gefeiert. Es folgte eine grandiose Siegesserie. Der MTW verbesserte sich von Platz neun auf den sechsten Rang am Saisonende. Wir besiegten die BG Bayreuth im Viertelfinale und erreichten damit das Halbfinale um die Deutsche Basketballmeisterschaft. Unser Gegner hieß Saturn Köln. Im ersten Spiel agierten wir super und servierten Köln mit einer klasse Mannschaftsleistung mit 20 Punkten ab. Leider verloren wir anschließend sowohl das Rückspiel als auch das entscheidende dritte Spiel, für das die Kölner extra die große deutsche Nachwuchshoffnung Hansi Gnad aus dem College im fernen Alaska geholt hatten. Obwohl wir super Unterstützung durch rund 300 Fans erhielten, die in zahlreichen Bussen angerückt waren, hatten wir gegen dieses verstärkte Team keine Chance. In zwei anschließenden Spielen um den dritten Platz besiegten wir nach hartem Kampf den 1. FC Bamberg und erreichten so in der Endabrechnung Platz drei. BSC

Saturn Köln wurde 1987 schließlich verdient Deutscher Meister. Die Gießener Lokalpresse bilanzierte:

"Als Elzie nach monatelanger Pause gegen Saturn Köln sein Comeback feierte, ging ein Ruck durch die Mannschaft. Besonders die jungen Spieler richteten sich an 'ihrem' Pat auf, der der Mannschaft unter dem eigenen Korb durch seine Reboundstärke die notwendige Sicherheit verleiht. Deshalb planen die Gießener auch in der nächsten Saison mit Elzie, der schon drei Runden beim MTV auf dem Buckel hat."

Im DBB-Pokal kamen wir sogar bis ins Finale und unterlagen vor 3000 Zuschauern in Leverkusen der Werksmannschaft TSV Bayer 04 mit 71:92. Mit 16 Punkten war ich wieder einmal erfolgreichster Gießener Schütze.

Als Belohnung für meine bravurösen Leistungen nominierte mich der berühmte Coach Tony DiLeo für das US-All-Star-Team, das am ersten Supercup-Turnier im Mai in der Dortmunder Westfalenhalle teilnahm. Dieses Turnier sollte der deutschen Mannschaft zur EM-Vorbereitung dienen. In unserem Team standen US-Spitzenspieler aus ganz Europa und ich war dabei! Eine besondere Ehre für mich und der Einstieg in den internationalen Basketball!

Es handelte sich um ein Acht-Nationen-Turnier, an dem außer uns und den Deutschen noch die Nationalmannschaften aus Griechenland, Jugoslawien, China, Belgien, Portugal und der Türkei teilnahmen.

Unser erstes Gruppenspiel fand in Hagen gegen Griechenland statt. Wir verloren äußerst knapp mit einem Punkt bei der Gala von Nikos Galis, der sagenhafte 44 Punkte erzielte und - obwohl nur 1,83 Meter - auch mit unseren großen Jungs Katz und Maus spielte.

Im zweiten Spiel wurde Portugal klar geschlagen und es kam zum Halbfinale gegen unseren deutschen Gastgeber. Vor 15000 Zuschauern in der Dortmunder Westfalenhalle fegten wir enttäuschende deutsche Stars wie Gnad, Jackel, Harnisch, Welp und Koch mit 25 Punkten Differenz förmlich aus der Halle.

Im Endspiel gegen Jugoslawien standen auf der gegnerischen Seite ausschließlich Superstars des Basketball wie

Drazen Petrovic, Vlade Divac, Dino Rada und der erst 17-jährige Toni Kukoc, gegen die wir chancenlos waren und sehr anständig mit nur 17 Punkten verloren. Heimlich hatte ich vor dem Match ein Training der Jugos beobachtet und gesehen, wie Petrovic nach dem eigentlichen Training in einem individuellen Wurftraining unfassbare 97 von 100 Dreiern einnetzte. Dieser Mann musste von einem anderen Stern sein!

6.

Kelly Grant, ein Landsmann und Mitstreiter in der US-Auswahl beim Supercup in Dortmund, sprach mich nach dem Turnier an. Er spielte in Schweden professionell Basketball und wollte mir das skandinavische Land schmackhaft machen. Der gebürtige New Yorker versuchte mich mit aller Macht nach Norrköping zu locken, die Großes vorhätten, angeblich die Meisterschaft anstrebten und einen Center suchten. Schweden war für mich ein gänzlich unbeschriebenes Blatt, noch weitaus entfernter als Deutschland, nicht mehr als eine große Unbekannte. Nach etlichem Hin und Her ließ ich mich schließlich darauf ein, nach Stockholm zu fliegen und mir die Situation bei Hageby Baskets Norrköping (heute Norrköping Dolphins), die 1980 einmal schwedischer Meister geworden waren, aus der Nähe anzuschauen. Ich hielt mich für etwa zwei Wochen in Norrköping auf, begutachtete das Umfeld, merkte schnell, dass die Schweden ein weitaus besseres Englisch sprachen als die Deutschen, aber schlechter Basketball spielten und flog mit einem gut dotierten einjährigen Vertrag und der Option für ein weiteres Jahr zurück nach Deutschland.

Den Sommer 1987 verbrachte ich weitgehend in den von der Firma Reebok neu installierten „Hoop Camps" als zweiter Headcoach und verdiente dabei ein gutes Zubrot.

Gießen hatte weiterhin einen schlechten Beigeschmack für mich, sodass ich mich im August in meinen gebraucht erstandenen Mercedes 300E setzte und mit wenigen Habseligkeiten Richtung Norden aufbrach.

Die Schweden empfingen mich überaus herzlich und die Jungs im Team wie zum Beispiel Hendrik Evers, Mikael Lager und Rick Bergström waren sehr nett zu mir, sodass ich eigentlich keinerlei Integrationsprobleme im insgesamt überaus ausländerfreundlichen Schweden hatte. Nicht ganz so einfach fiel mir das Einleben in der mir zugewiesenen Unterkunft. Innerhalb kürzester Zeit entdeckte ich jede Menge kleiner silberner Tierchen im Bad und zu meinem Entsetzen auch unter meiner Bettdecke. Als ich diesen Missstand mit der klaren Aussage „Hier bleibe ich nicht!" reklamierte, wies man mich zwar darauf hin, dass die Beseitigung dieser „Silberfischchen" aus hygienischen Gründen eigentlich nicht erforderlich sei, man mir aber eine Reinigungskraft schicken wolle. So lernte ich Tuborg kennen, die bei Hageby als Mädchen für alles fungierte. Sie führte, nachdem ich eine Nacht im Hotel verbracht hatte, in meiner Gegenwart eine absolut perfekte dreistündige Grundreinigung der Wohnung durch, nach der keine Insekten mehr in meinem Bett existierten und auch das Bad nur noch vereinzelt heimgesucht wurde.

Schweden erwies sich tatsächlich schnell als ein tolles Land. Vor allem wussten die Schweden zu feiern und konsumierten an den Wochenenden Unmengen von Alkohol. Während der Woche herrschte damals noch ein striktes Alkoholverbot. Die in staatlichem Monopol befindlichen Alkoholläden („Systembolaget"), wo man Alkoholika mit einem Alkoholgehalt von mehr als 3,5 Prozent kaufen konnte, öffneten erst Freitagmittag. Sofort bildeten sich lange Schlangen und ich sah Menschen mit Tüten voll mit Hochprozentigem heimwärts eilen. Es dauerte auch nicht lange, bis sich die Straßen und Plätze mit Angetrunkenen und Betrunkenen füllten. Es war unglaublich, was die da an den Wochenenden getrunken haben! Schweden erschien mir aber nicht nur in Hinblick auf den Alkoholkonsum maßlos. Auch der Umgang der Geschlechter war sehr freizügig, wobei die schwedischen Girls auch rein äußerlich einiges zu bieten hatten. Als mein alter Kumpel Steve für einen Monat zu Besuch kam, war er hin und weg und fühlte sich wie im siebenten Himmel.

Eine gewisse Nachlässigkeit herrschte auch im schwedischen Basketball. Mein Team trainierte nur dreimal in der Woche gemeinsam, so dass ich mich dazu durchringen musste, regelmäßig zusätzliche Spezialeinheiten durchzuführen. Partys und Frauen schienen vielen Mitspielern wichtiger als eine professionelle Einstellung zum Basketball. Alles wirkte auf mich ein bisschen zu verrückt. Natürlich stand Schweden erst am Anfang der Entwicklung meiner Sportart und das Niveau konnte noch nicht hoch sein, trotzdem fühlte ich mich nach dem Abklingen der anfänglichen Euphorie und der latenten Zweifel an der eigenen Gesundheit angesichts der unprofessionellen Strukturen sowie nur ein bis zwei echten Profis pro Team schnell in einer Sackgasse. Ein Top-Spieler konnte ich im Basketballentwicklungsland Schweden niemals werden.

In der ersten schwedischen Liga, die nur aus 10 Teams bestand, war Norrköping aber bald erfolgreicher als in den Vorjahren. Wir erreichten ziemlich leicht das Halbfinale der Meisterschaft, wo wir das Team aus Täby überlegen besiegten. Im Endspiel trafen wir auf die Södertälje Kings, die den nur 1,69 Meter großen Alvin "Bo" Dukes als Point Guard in ihren Reihen hatten. Er war nicht nur in Schweden ein echter Superstar sondern auch in den USA eine große Nummer. So zierte er doch einmal gemeinsam mit keinem Geringeren als Pat Ewing vom späteren US-Dreamteam die Titelseite von „Sports Illustrated". Obwohl sportlich Rivalen, wurden wir gute Freunde. Bo wechselte nach dem Gewinn der schwedischen Meisterschaft nach Deutschland, wurde wieder mein Konkurrent und gleich in der Saison 1988/89 Deutscher Meister mit BG Steiner Bayreuth.

Das Finale gegen Södertälje verloren wir klar und ich freundete mich immer mehr damit an, die Option nicht zu ziehen und stattdessen schweren Herzens zurück nach Deutschland zu gehen. Schweden ist mir dennoch auch in guter Erinnerung geblieben. Die langen Busreisen zu den Spielen im hohen Norden. Nördlich von Stockholm sah ich von meinem Platz im Bus aus stundenlang nur noch Wald, Wald, Wald. Plötzlich kreuzte ab und an ein riesiger Elch unseren Weg und im Winter starteten wir bei Dunkelheit, kamen bei Dunkelheit im hübschen weit nördlich gelegenen Hafenstädtchen Lulea an, spielten bei Dunkelheit gegen das heimische Team Plannja Basket und reisten auch wieder bei Dunkelheit oder vielleicht in nebliger

Dämmerung zurück nach Norrköping. Ein beeindruckendes Szenario! Ebenfalls denke ich gerne an den verrückten jungen Italiener in Norrköping zurück, der unser Stammlokal betrieb, gemeinsam mit uns Siege feierte und uns mit seinem super Essen über die wenigen Niederlagen hinwegtröstete.

Der MTV Gießen hatte inzwischen in Charles Toth einen neuen Trainer, der vorher eine Armymannschaft gecoacht hatte und vor allem als harter Arbeiter bekannt war. Vor allem Babsi rührte in Gießen kräftig die Werbetrommel für meine Rückkehr. Sie war es auch, die den Kontakt zu Toth herstellte, der mich sehr gerne in den Reihen der Gießener gesehen hätte. Ähnlich urteilte auch die Gießener Lokalpresse.

„Daß Pat Elzie einer der beliebtesten US-Korbjäger war, der je in Gießen für den MTV 1848 gespielt hat, wissen seine Gießener Fans und Freunde ebenso wie die MTV 1848-Verantwortlichen. Hoffentlich weiß es Pat Elzie auch und zieht die Sympathie-Bande mit in seine Überlegungen ein, denn: Mit einem Angebot des MTV 1848 im Gepäck ist Pat Elzie in die USA geflogen. Bis zum 15. Juni hat er sich bei Hans-Werner Ruppel Bedenkzeit

erbeten – und dann spielt er (hoffentlich) wieder im Trikot des MTV 1848."

Tatsächlich packte ich Babsi zur Liebe nach der Saison meine Siebensachen, bestieg meinen Mercedes und fuhr in einer 14-stündigen Nacht- und Nebelaktion zurück nach Gießen.

Am 20.07.1988 meldete die Gießener Lokalpresse unter der Überschrift „Pat Elzie hat unterschrieben" bereits den erfolgreichen Abschluss der Verhandlungen.

„Nun ist es offiziell: Pat Elzie…, 27jähriger US-Boy, wird in der kommenden Saison wieder für den Basketball-Bundesligisten MTV 1846 Gießen auf Korbjagd gehen. Wie BBOT-Geschäftsführer Hans-Werner Ruppel gestern mitteilte, unterzeichnete Elzie am Sonntag einen zunächst auf ein Jahr begrenzten Kontrakt mit den Männerturnern, die sich jedoch laut Ruppel vorstellen können, Elzie auch noch länger in Gießen zu behalten. Der einstige ‚Rebound-König' der Bundesliga spielte bereits drei Jahre für den MTV 1846, ehe er vor der vergangenen Runde Marvin Stevens weichen mußte und seine Zelte in Schweden aufschlug. ‚Die Mannschaft ist

begeistert, daß Pat wieder da ist', freute sich auch Hans-Werner Ruppel, der zudem Elzies Verfassung lobte: ‚Er ist besser in Form, als wir ihn je in Gießen erlebt haben.'"

Im neu formierten Gießener Team standen Jungs wie Dietmar Günther, ein klasse Guard und Vater von Per Günther, mein Landsmann Steve Black, der erfolgreich für die Lasalle University gespielt hatte, und das erst 17-jährige Nachwuchstalent Mike Wenzlaff aus Leverkusen. Mike merkte schnell, dass ich eine Art Gallionsfigur war, für den man den roten Teppich ausrollte und der sich fast alles erlauben konnte. In seiner jugendlichen Unbekümmertheit und mit seinem Aufbegehren gegenüber Etablierten wollte er sich gegen mich behaupten. Es ging ihm aber stets primär um den Menschen und nicht um eine Position, die jemand einnahm. Bei einem Training gerieten wir so heftig aneinander, dass uns Coach Toth aus der Halle schmiss und unter die Dusche schickte, wo sich unsere Gemüter tatsächlich abkühlten, sodass wir uns anschließend sogar auf ein Bier zusammensetzten. Diese Begegnung wurde der Anfang einer bis heute andauernden Männerfreundschaft. Im schönen Gießener Woodland-Club feierten wir gemeinsam die eine oder andere Party.

Nach der Saison heiratete ich endlich meine Babsi und reiste als Headcoach sowie Denker und Lenker der Hoop-Camps jede Woche von Camp zu Camp.

In Gießen hatte sich inzwischen einiges getan. Coach Toth, dessen Ansprache ans Team fast immer mit den gleichen Worten „My father was a coal miner, he worked his ass off..." begann, wurde wegen Erfolglosigkeit entlassen und an seine Stelle trat Klaus Günther Mewes. Hatte mir Präsident Ruppel noch vor wenigen Monaten versichert, dass ich quasi einen lebenslangen Vertrag hätte und ewig für Gießen aktiv sein dürfe - ein ähnliches Versprechen erhielt ich viele Jahre später an anderer Stelle noch einmal -, so schien der neue Trainer weniger von mir überzeugt. Er stellte mir in einem ersten persönlichen Gespräch in einem Café etliche blöde Fragen, beorderte mich später allein in die Halle, wo er mit mir komische Tests machte, die ich vermutlich nicht bestand. Ich hatte gleich das Gefühl, dass hier irgendetwas nicht stimmt. Am Ende war ich dann doch sehr enttäuscht, als ich erfuhr, dass ich angeblich nicht dynamisch genug sei. Obwohl ich in den vier Saisons für Gießen insgesamt 1369 Punkte erzielt hatte, was einem Punktedurchschnitt von 14,5 Punkten pro Spiel entspricht, trennte man sich von mir.

Nach dem Schwedenabenteuer und den vielen Camps hatte ich gutes Geld auf dem Konto, das ich in einen Hauskauf investierte. Eigentlich wollte ich die Immobilie vermieten. Auf ausdrücklichen Wunsch meiner Ehefrau bezogen wir sie schließlich selbst. Für mich hieß es wieder einmal nach einem neuen Club Ausschau zu halten. In Lich, nicht weit entfernt von Gießen, war ein junger Mann dabei sich als Trainer einen Namen zu machen. Es handelte sich um Stefan Koch, den älteren Bruder des Nationalspielers Michael Koch, mit dem ich ja eine Zeitlang in Gießen zusammengespielt hatte. Stefan hatte zwar als Spieler nicht groß glänzen können, war aber als Coach auf einem sehr guten Weg. Seine gesamte Familie stammte aus Lich und seine Mutter entpuppte sich als super Köchin. Er rief mehrmals bei mir an und versuchte mich ins Licher Oberligateam zu locken. Als Spieler verdiente ich dort natürlich weniger, aber mir wurde ein Job in der von Klaus Stubenrauch geführten Fleischfabrik angeboten, wo ich in der Frühschicht von sechs bis mittags arbeiten könnte. Ferner wurde mir vom Licher Schulamt die Betreuung diverser Basketball Schul-AGs angeboten. So konnte ich ein insgesamt beachtliches Einkommen erzielen. Da Lich von Gießen aus gut zu erreichen war, willigte ich schließlich ein. Ich blieb erstaunliche fünf Jahre im beschaulichen Lich und ging in die Vereinsgeschichte ein. Gleich in der ersten Saison gewannen wir ungeschlagen die Oberliga und stiegen in die 2. Regionalliga auf. Im folgenden Jahr erfolgte der sofortige Durchmarsch in die 1. Regionalliga. Nach der Vizemeisterschaft in der ersten Saison stiegen wir in der nächsten als Meister bis in die 2. Bundesliga auf. Ganz Lich stand Kopf und feierte seinen Lokalmatadoren Stefan Koch!

Auch privat tat sich in Lich weiter Positives. Am 2. Dezember 1991 wurde mein erster Sohn Malcolm geboren. Er war ein Wunschkind, da ich nicht erst mit 40 Vater werden wollte. Seine Geburt, die ich im Krankenhaus in Gießen miterlebte, war für mich ein besonders beeindruckendes Ereignis. Wir gaben ihm den Namen Malcolm in Erinnerung an den radikalen

Schwarzenführer Malcolm X, den mein älterer Bruder besonders verehrte und mit dem ich als Jugendlicher auch sympathisierte.

Im benachbarten Langgöns habe ich auch einen meiner allerersten Freunde kennen gelernt: den leider viel zu früh verstorbenen Dieter Schropp, Vater des Fernsehstars Jochen Schropp.

Nach der Saison 1992/93 wechselte Stefan, der inzwischen so etwas wie ein guter Freund für mich geworden war, als Trainer nach Wolfenbüttel und 1994 zur BG Bramsche/Osnabrück in die erste Liga. Er rief mich fast täglich an und wollte mich unbedingt als erfahrenen Spieler im Erstligateam haben. Es ging das Gerücht, dass in Bramsche viel, viel Geld im Spiel sei. Da ich noch einen gültigen Vertrag hatte, stimmten die Verantwortlichen in Lich einem Wechsel schließlich unter der Bedingung zu, dass sie für mich eine Ablösesumme von 35.000 DM erhielten. Diese Summe wurde tatsächlich überwiesen und noch heute freut man sich in Lich über diesen geglückten Coup und ich ärgerte mich sehr bald über meine Gutgläubigkeit.

Bevor es nach Norddeutschland ging, wurde ich im April 1994 noch deutscher Staatsbürger. Ich hatte meine Einbürgerung nach 10 Jahren Aufenthalt in Deutschland nach einer etwa einmonatigen Bedenkzeit in Lich beantragt.

Rückblickend habe ich heute eher eine zwiespältige Meinung über diese gravierende Entscheidung.

Im Juli 1994 gründete ich mit einem Partner die Firma AMI (Athletic Management International), über die ich ab sofort auch alle meine Einnahmen laufen ließ. Mit bösen Folgen, wie sich später zeigen sollte! Als deutschlanderfahrener US-Bürger und Profibasketballer wurde ich mit der Zeit immer mehr zum gefragten Ansprechpartner für Collegespieler, die sich in Europa als Profis versuchen wollten. Ich wollte bewusst kein Agent sein, agierte aber allmählich doch immer mehr als eine Art von Spielervermittler. Wenn ein US-Boy Fragen hatte, hieß es immer öfter: „Ruf Pat an!" Mit meiner Firma vermittelte ich allerdings nicht nur Basketballer, sondern ich richtete mehrere Dutzend eigene Camps aus, veranstaltete Streetballturniere, die damals sehr angesagt waren, und auch Vorbereitungsturniere für etablierte Teams. Mein größtes Risiko bestand darin, dass ich im Falle einer Entlassung als Spieler keinen Anspruch mehr auf Arbeitslosengeld hatte. Ich besaß ja von nun an den Status eines Selbstständigen.

Mit meiner Ablösesumme und noch mehr mit der wahrscheinlich horrenden Gage für den amerikanischen Starspieler Greg Wendt hatte sich Bramsche jedoch höchstwahrscheinlich finanziell übernommen. Im ersten Monat bekamen ich und meine prominenten Mitspieler Hartmut Ortmann, Jimmy Shields, Malik Ruddigkeit, Jürgen Dölle sowie Dwayne Washington, Halbbruder von Derek Fisher (LA Lakers), noch die vereinbarten sehr üppigen Gehälter. Bereits im zweiten Monat blieben die Gelder aus und ich musste wegen der nahenden Pleite sogar mein Hotelzimmer räumen, in dem ich relativ komfortabel untergebracht war, und zu meinem Trainer Stefan Koch ziehen. Einen ganzen Monat lang teilten wir uns seine Behausung. Auf meine Frage „Wo bleibt das Geld?" erhielt ich keine Antwort mehr, sodass das böse Ende absehbar war. Letztendlich blieb mir nichts anderes übrig als im November, mitten in der Saison, als Spielertrainer nach Braunschweig in die 2. Liga zu wechseln. Dort hatte man den Trainer gefeuert und suchte einen erfahrenen Mann für alle Fälle. Nach einem Monat Übergangszeit wurde der Belgier Jon van Crombruggen neuer Cheftrainer, dem ich als Assistent zur Seite gestellt wurde. Unsere Zusammenarbeit erwies sich allerdings als nicht besonders effektiv und war für mich alles andere als zufriedenstellend. Zufällig lernte ich den Präsidenten und den Vize des gerade in die zweite Liga aufgestiegenen BC Johanneum Hamburg kennen. Auch dort wurde mir wieder einmal relativ viel Geld in Aussicht gestellt, das dann aber auch tatsächlich bei mir eintraf. Das Management um den Vorsitzenden und Fabrikerben Jens Holtkötter erwies sich jedoch als ziemlich unerfahren im Basketballgeschäft. Ich wurde schnell Mädchen für alles, war Spieler, Co-Trainer unter dem hauptberuflichen Lateinlehrer Heiner Zarnack und Manager in einer Person. Meine organisatorischen Aufgaben gingen soweit, dass ich sogar neue Teamkleidung besorgen musste. Bislang waren die Jungs in einheitlichen Trikots und schwarzen Hosen eigener Wahl aufgelaufen. Erfolgreich konnte ich mit der Zeit allen Beteiligten den Weg zum professionellen Sport weisen. In der zweiten Saison war es mit dem Frieden leider wieder einmal vorbei. Es gab einen riesengroßen Krach mit Holtkötter, der sich im Ausland nicht mehr ausreichend um die Vereinsbelange kümmerte. Für mich mit 36 Jahren war es inzwischen Zeit geworden, sich ein neues Betätigungsfeld zu suchen. Ich wollte mich nicht mehr erneut irgendwohin als Spieler oder Spielertrainer transferieren lassen oder vor finanziellen Missständen fliehen. Trotz etlicher persönlicher Niederlagen war Basketball doch mein Leben geworden und ich konnte mir kein anderes Arbeitsfeld mehr vorstellen. Folglich war es nur konsequent, meine Erfahrungen als Trainer weiter zu vertiefen und irgendwo ein Angebot als Headcoach anzunehmen.

Ich als einjähriges Kind.

Meine Geschwister und ich 1967.

Holy Cross Basketballmannschaft 1981. Richie Guerin macht Spaß und hält mir seine Hand vors Gesicht.

Mein bester Freund Steve Donelan und ich in Schweden.

Mein Trauzeuge James McQueen mit mir 1989

Am Boden im Spiel für Lich gegen Langen in den 90ern.

Meine erste Station als Cheftrainer in Paderborn.

Duane Woodward und ich mit Olivia Jones auf der Party von R. Kelly.

In der Lobby des Sporthotels in Syrien.

Mit der Vechtaer Vertretung des Stoppelmarkts in Berlin.

Als Nationalcoach des syrischen Teams.

Tony Wallace mit seiner Tochter

Zwei alte Freunde: Dave "The Shot Doctor" Jones und Larry Johnson.

Mit meinem Ältesten Malcolm und Henning Harnisch.

7.

Um nicht den falschen Eindruck zu hinterlassen, dass ich als reiner Anfänger ins Trainergeschäft einstieg, möchte ich daran erinnern, dass ich bereits im College, in der Highschool und auch in Gießen erste Erfahrungen als Coach sammeln konnte und unter anderem vier Jahre Headcoach der Hoop-Camps war, ganz abgesehen von dutzenden Camps, die ich selbst organisiert hatte. Und nicht zuletzt war ich schließlich auch eine Zeitlang in Hamburg als Assistenzcoach tätig gewesen. Zudem war ich keinesfalls unqualifiziert. 1993 hatte ich als meines Wissens erster Farbiger in Deutschland die Trainer-A-Lizenz erworben, nachdem ich alle Ausbildungsstufen vom D- bis zum A-Trainer erfolgreich durchlaufen hatte, und wurde später einer der ersten farbigen Trainer in der Bundesliga. Noch heute merke ich fast wöchentlich, dass ich nicht nur für viele junge, farbige Trainer sondern auch für etliche Nachwuchstrainer ein echtes Vorbild bin, wenn ich wieder einmal telefonisch um Rat gefragt werde. Inzwischen ist deutschlandweit bekannt, dass ich als Vertreter des teamorientierten Spiels stets ein offenes Ohr für die Probleme jüngerer Trainerkollegen habe.

Die Misere während der zweiten Saison in Hamburg wurde durch einen Anruf meines alten Spezies Mike Wenzlaff aus Paderborn im November 1996 beendet. Zweitligist Paderborn, der einen guten Ruf in Basketballdeutschland besaß, hatte nach nur sechs Spieltagen, in denen es trotz einer super Mannschaft nur zwei Siege bei vier Niederlagen gegeben hatte, Trainer Ed Visscher entlassen. Der Hauptsponsor „Forbo" wollte, dass ich als Coach mit renommierten Spielern wie Dirk Happe, Ingo Wolf (heute Agent), Stefan Tacke, John O'Connell, Mark Considine (heute Agent und immer noch mein Freund) und Stefan Schey (heute Brand Manager Spalding bei Uhlsport) die Kohlen aus dem Feuer holen sollte. Und tatsächlich gewannen sie das erste Spiel unter meiner Regie vor vollem Haus in Göttingen mit einem Punkt. Anschließend folgte eine sagenhafte Siegesserie, die uns bis in die Playoffs führte und fast zum Aufstieg in die erste Liga gereicht hätte. Erst im Halbfinale verloren wir das entscheidende Spiel in Langen dank einer überragenden Leistung von Paul

Howard, den ausgerechnet meine Firma AMI nach Langen vermittelt hatte. Zu dieser Zeit hatte Paderborn wahrscheinlich den höchsten Etat der 2. Liga und einen sehr guten Kader.

Nach dem Ende dieser letztlich doch noch sehr erfolgreich verlaufenen Saison trat 1997 ausgerechnet „Forbo" als Sponsor zurück. Ein Gremium von 10 Geschäftsleuten übernahm unter dem Namen „Sportlights" die Regie. Der Gesamtetat wurde erheblich verkleinert und vor allem junge, unerfahrene Spieler engagiert.

Die Sommerpause überbrückte ich in Hamburg als Coach bei der von Sport Scheck neu gegründeten Sommerliga, die eine kleine Basketballeuphorie auslöste. Dieses Engagement milderte auch meine von nun an wegen unregelmäßiger Zahlungen seitens der Paderborner ausgelöste finanzielle Schieflage. Für etwa zwei Wochen kamen etliche Amerikaner nach Hamburg, um sich den deutschen Basketballvereinen als Profi zu empfehlen.

Einer dieser jungen Wilden war Dion Lee, der im College super Statistiken aufgelegt hatte und den ich für mein Paderborner Team anwerben konnte. Zu Beginn der

Saison 97/98 brannte er gleich ein Feuerwerk ab, erzielte durchschnittlich 28 Punkte und wurde damit zum Top-Scorer der 2. Liga. Vor Weihnachten kam Lee in sehr bedrückter Stimmung zu mir und bat um 800 DM für den Heimflug in die Staaten. Er sei völlig abgebrannt und würde mir das Geld auch sofort im neuen Jahr zurückgeben. Dank meiner sozialen Einstellung gab ich ihm letztlich das Geld. Als Lee am nächsten Morgen nicht zum Schusstraining erschien und sein Schrank ausgeräumt war, sah alles bereits nach einer Nacht- und Nebelaktion aus. Als ich am darauf folgenden Morgen CNN einschaltete, traf mich fast der Schlag. Sie zeigten gerade, wie Lee noch auf dem Flughafengelände wegen Spielmanipulation verhaftet wurde. Er sollte gemeinsam mit der Mafia maßgeblich am Wettbetrug auf etliche Collegespiele beteiligt gewesen sein. In den Staaten war das ein Riesending, das die Öffentlichkeit fast zwei Jahre beschäftigte. Im Nachhinein fiel mir auf, dass er trotz seiner extrem hohen Treffsicherheit auch in entscheidenden Phasen unserer Spiele leichte Fehler gemacht hatte. Sollte er in Deutschland vielleicht auch auf den Ausgang einiger Spiele gewettet haben?

Meine neue Mannschaft um Stammspieler wie Dirk Happe, Robin Gieseck, William Massenburg von der Elon University und den später während der Saisonvorbereitung 1999/2000 mit Herzversagen zusammengebrochenen und verstorbenen Daniel Malcorps kämpfte vorbildlich, erwies sich aber doch nur als Mittelmaß der Liga und scheiterte in den Playoffs. Vorübergehend hatten wir auch den hochtalentierten Chris Rojik in unseren Reihen, der dann aber zugunsten von Massenburg nach Rhöndorf wechselte.

Besonders nervig waren die immer mehr in den Vordergrund rückenden Geldprobleme. Allein Mike Wentzlaff, der inzwischen Geschäftführer der Firma „Sportlights" geworden war, hielt mich noch in Paderborn.

In der Saison 1998/99, die sportlich trotz der erneuten Teilnahme an den Playoffs ebenfalls nur Mittelmaß bot, zeichnete sich das Ende jedoch schnell ab. Seit dem Jahresbeginn 1999 floss das Geld nur noch äußerst unregelmäßig, die Wohnungsmieten wurden vom Verein nicht mehr bezahlt und sogar der Gerichtsvollzieher klopfte an meine Wohnungstür. Es kam zum offenen

Streit mit Mike, der nicht nur die Spieler und mich wiederholt hingehalten hat, sondern sich zuletzt auch noch wegen Insolvenzverschleppung zu verantworten hatte. Meine finanzielle Situation war extrem desolat. Monatelang ohne Gehalt musste ich mir als Familienvater schließlich sogar Geld zum Lebensunterhalt borgen, da ich als Selbstständiger keinen Anspruch auf Arbeitslosengeld hatte. Auf die ausstehenden Gehälter habe ich jahrelang vergebens gewartet!

Da es sich innerhalb von nur fünf Jahren um die dritte finanzielle Pleite handelte, in die ich involviert war, zweifelte ich langsam an mir selbst. War ich letztendlich sogar selbst das Problem oder derjenige, der die sprichwörtliche Scheiße an den Händen hatte? Auf jeden Fall war es eine totale Seuche!

Gott sei Dank erhielt ich bald einen Anruf von Jürgen Barth aus Langen, der gemeinsam mit dem Präsidenten Jochen Kühl die Geschicke des TV 1862 Langen lenkte und um meine Unterstützung bat. Ab dem 1. August 1999 sollte ich als Trainer für Langen in der 2. Liga arbeiten. Verglichen mit Paderborn hatte ich zwar weitere finanzielle Einbußen hinzunehmen, da Langen ein relativ kleiner Verein mit einem überschaubaren Etat war. Aber diesmal lief das Geld nicht über meine Firma, sondern ich wurde als normaler Arbeitnehmer angestellt, sodass ich im Notfall Anspruch auf öffentliche Gelder gehabt hätte. So war ich endlich mal für zwei gute und erfolgreiche Jahre in einer gesicherten Position. Überhaupt war Langen eine tolle Zeit. Ich konnte meinen Sohn wieder jeden Tag sehen und schloss Freundschaften mit Jürgen Barth, Ex-Nationalspieler und Buchautor Johannes Herber sowie Steffen Brockmann, einem der besten Athletiktrainer, mit denen ich je zusammengearbeitet habe.

Im Frühjahr 2001 bekam ich während eines Trainings in Langen einen Anruf aus Hamburg. Jens Holtkötter, der mich so enttäuscht hatte, flehte mich förmlich an: „Pat, wir brauchen dich wieder!" Die Hamburger nannten sich inzwischen „BCJ Hamburg Tigers" und waren in die erste Liga aufgestiegen. Der bisherige Trainer Peter Schomers versicherte mir in einem persönlichen Gespräch, dass man tatsächlich auf der Suche nach einem Ersatz für ihn wäre. Holtkötter bot mir sehr viel Geld an, sodass sein

Angebot in der Tat sehr reizvoll für mich war. Langen zeigte Verständnis und gab sein Okay, als ich dem Vorstand schweren Herzens von meiner Offerte aus Hamburg erzählte.

Hamburg befand sich 11 Spiele vor Saisonende auf dem letzten Platz. Duane Woodward, der Star des Teams, war nach einer Schlägerei mit einem Mitspieler gefeuert worden. Eine meiner ersten Aktionen war, dass ich Woodward zurück ins Team holte. Neben ihm waren Marc Suhr und Cecil Egwuatu, ein Deutscher nigerianischer Abstammung, die Leistungsträger. Mit der Reaktivierung von Woodward löste ich eine Euphorie aus, die zu sieben oder acht Siegen in den verbliebenen Spielen führte. Leider kam ich etwas zu spät. Wir stiegen trotzdem in die 2. Liga ab, nicht zuletzt auch, weil sich Woodward nach einigen Spielen so schwer am Schlüsselbein verletzte, dass er uns in den entscheidenden Spielen nicht mehr zur Verfügung stand.

Während unserer Vorbereitung auf die Saison 2001/02 sollte R. Kelly, der Megastar des R&B, ein Konzert in Hamburg geben. Er litt unter extremer Flugangst, machte sich aber trotzdem das erste Mal per Schiff auf den Weg nach Europa, um dem Trubel um seine Person in den USA zu entkommen. Er hatte sich dummerweise bei sexuellen Praktiken mit einer Minderjährigen filmen lassen. Irgendwie war das Video ins Netz geraten und hatte eine Welle der Empörung in den Staaten ausgelöst. Die Presse tat zudem alles Erdenkliche, um das Ganze weiter anzuheizen. Ungefähr zwei Jahre geisterte der Skandal durch die US-Medien!

Zur gleichen Zeit erhielt ich in meinem Hamburger Büro einen Anruf von einer deutschen Agentur, die behauptete, sie arbeitete mit dem Management von Kelly zusammen.

„Wir haben gehört, du bist hier in Hamburg der Mann für Basketball. Kellys Wunsch ist es, dass er sich nach der langen Schiffspassage hier in Hamburg etwas bewegt. Basketball ist sein Lieblingssport, deshalb würde er sehr gerne an einer eurer Trainingseinheiten teilnehmen. Bedingung ist allerdings, dass weder die Presse noch Fans vor Ort sind. Ist das bei euch möglich?"

Ich hielt das Ganze zuerst für einen schlechten Witz und fühlte mich auf den Arm genommen. Nach einigen

Rückfragen wurde aber deutlich, dass der berühmte Sänger tatsächlich bei uns mittrainieren wollte.

Als ich am nächsten Tag zur Wandsbeker Sporthalle - unserem Trainingsquartier - kam, standen bereits einige weibliche Fans und Presseleute vor dem Eingang. Auf meine Frage „Was macht ihr hier?" kam die ehrliche Antwort „Wir wollen das Training von R. Kelly sehen!" Geistesgegenwärtig rief ich beim Sportamt der Stadt an und schilderte mein Problem. Innerhalb von eineinhalb Stunden bekam ich eine Ausweichhalle in der Nähe des Hamburger Flughafens zugewiesen. Es folgte ein Anruf des Managers, dass Kelly auch bereits auf dem Weg zum Flughafengelände sei. Und tatsächlich fuhr wenig später ein schwarzer Bus mit verdunkelten Scheiben vor, aus dem der Star mit 10 Personen in seiner Entourage stieg. Für meine Spieler war es ein tolles Erlebnis mit einem Weltstar in der Halle zu stehen und Kelly erwies sich zu unserer Überraschung als ein absolut passabler Basketballer, der richtig gut mitspielte und durchaus Drittligaqualität besaß. Natürlich beanspruchte er eine eigene Umkleidekabine für sich. Zum Dank für unsere spontane Bereitschaft erhielten wir alle VIP-Tickets für sein Konzert in der ausverkauften Alsterdorfer Sporthalle. Die weiblichen Fans rasteten während seines Auftritts regelrecht aus. Ich fand mich nach dem Konzert auf einer Party in einer angesagten Hamburger Disko mit Berühmtheiten wie den Fußballern des HSV und des FC St. Pauli, aber auch Stars wie Dieter Bohlen und Michael Ammer wieder. Gegen 2 Uhr in der Nacht beendete eine wüste Schlägerei zweier bundesweit bekannter Rapper das fröhliche Treiben. Mit Beate, die ich auf dieser Party kennen gelernt hatte und die direkt über der Disko mit einer Freundin wohnte, landete ich schließlich in ihrer Wohnung und verbrachte mit ihr und ihrer Mitbewohnerin bei einigen Tassen Kaffee die restliche Nacht. Beate Schneider sollte bald meine zweite Lebensabschnittsgefährtin werden.

In die Saison 2001/02 startete ich mit meinem ersten Dreamteam. Als Trainer eines Zweitligisten standen mir Spieler wie Duane Woodward, Paul Howard, Markus Hallgrimson als Shooter, der 2,15 Meter große englische Center Mark Considine und der US erfahrene Litauer Nerijus Karlikanovas als Power Forward gemeinsam mit sechs echten Hamburger Jungs zur Verfügung! Wir mischten die Liga gehörig auf, alles lief wirklich einmal super: Von den insgesamt 30 Spielen gewannen wir 27. Die drei Niederlagen waren alle äußerst knapp. Zweimal verloren wir mit nur einem Punkt und einmal mit zwei Punkten. Die einzig heikle Situation, an die ich mich erinnere, war die Auseinandersetzung zwischen den beiden rein äußerlich Furcht einflößenden Athleten Mark Considine und Nerijus Karlikanovas während einer Trainingseinheit. Völlig entnervt schmiss der Litauer seinem englischen Widersacher schließlich irgendwann den Ball voll ins Gesicht, ein absolutes No-Go im Mannschaftssport! Mir blieb nichts anderes übrig, als Nerijus aus dem Team zu werfen. Der Litauer, der während seiner Zeit in den USA auf einem zweitklassigen College die sprachliche Ausdrucksweise der Ghettokids angenommen hatte, ansonsten aber ein tadelloser Sportsmann war, flehte mich daraufhin täglich am Telefon an, ihm noch eine Chance zu geben. Wie ein Kind, stammelte er immer wieder: „Schick mich bitte nicht nach Hause!" Schließlich entschuldigte er sich eines Tages vor dem gesamten Team bei Mark Considine und ich nahm ihn wieder bei uns auf.

Leider nutzte uns der sportliche Aufstieg wenig später schon gar nichts mehr, da der Club vor Beginn der Saison 2002/03 die Insolvenz anmeldete. Alle unseren auf dem Court errungenen Meriten waren auf einmal nichts mehr wert! Mir blieben nur ein kleiner Job im Jugendbereich des Vereins und das offizielle Arbeitslosengeld. Dass Beate im August unsere Tochter Eveline zur Welt brachte, machte meine gesamte Situation nicht einfacher, zumal ja auch noch die Trennung und spätere Scheidung von Babsi erfolgen musste. Mir stand das Wasser jedenfalls bis zum Hals!

Ein kleiner Lichtblick bei all dem privaten und beruflichen Trouble war im Februar 2003 ein Anruf aus Wedel. Der Zweitligist SC Rist-Wedel befand sich auf dem letzten Platz der zweiten Liga Nord. Ihre einzige Bitte war: „Rette uns!"

Als erste Amtshandlung holte ich den Amerikaner Michael (Mike) Claxton, heute Trainer in Wedel, ins Team, der gleich im ersten Spiel auswärts gegen die Topmannschaft aus Oldenburg 44 Punkte erzielte, sodass wir dieses Match mit einem Punkt gewannen. Wieder einmal ein Ein-Punkt-Sieg zum Auftakt, dem weitere acht Erfolge in 11 Spielen folgten. Der Abstieg war abgewendet und Wedel im Freudentaumel!

8.

Die Anbahnung meines nächsten Engagements als Trainer wird dem Leser wahrscheinlich etwas dubios anmuten. Im Juli 2003 wurde ich eines Tages von Christos angerufen, einem schon älteren Fan griechisch-syrischer Abstammung aus Hamburg. Er behauptete Kontakt zum syrischen Basketballverband zu besitzen, der einen neuen Nationaltrainer suche. Er ging so weit, dass er sich sogar als Offizieller des syrischen Verbandes ausgab. Ich sollte sofort nach Syrien reisen, um ihr Team zu den Olympischen Spielen 2004 nach Athen zu bringen. Die Vorgeschichte war, dass Syrien bei den letzten Asienmeisterschaften sensationell den vierten Platz belegt hatte. Nun stünden wieder Asienmeisterschaften an, diesmal in China, und ein dritter Platz würde für die Olympiaqualifikation reichen. Was mir verschwiegen wurde, war, dass Syrien diesen vierten

Platz etlichen glücklichen Umständen verdankte und unter normalen Umständen in Asien weiter hinten rangierte. Trotz allem weckte dieser letzte Erfolg in Syrien eben große Erwartungen, erstmals mit einem Basketballteam an Olympia teilnehmen zu dürfen. Im ersten Moment war ich nicht gerade begeistert von dieser Perspektive, da ich nicht wusste, was mich erwartete. Andererseits hatte ich mal wieder keinen richtigen Job, befand mich in akuter Geldnot und hatte mit einem Haufen privater Probleme zu kämpfen. Da ich sofort einsteigen konnte, bot sich mir die Gelegenheit, erst einmal Abstand zu den hiesigen Komplikationen zu bekommen.

Nachdem ich am Vorabend noch im Kreise von Prominenten wie Otto Waalkes auf einem Schiff im Hamburger Hafen eine rauschende Party gefeiert hatte, saß ich am nächsten Morgen schon in einem Flugzeug einer mir völlig unbekannten Airline aus Osteuropa Richtung Damaskus. Mein mir in US-Dollar angebotenes Gehalt sollte zudem steuerfrei ausgezahlt werden. Am Flughafen empfing mich bei deutlich höheren Temperaturen als in Hamburg ein Funktionär des syrischen Basketballverbandes. Die vielen schwer bewaffneten Soldaten, die sich auf dem Flughafengelände aufhielten, verwirrten mich. Bald musste ich feststellen, dass die Präsenz von Militär in diesem armen Land zum Alltag gehörte.

Ich wurde in einem sogenannten Sporthotel einquartiert und man kündigte an, dass ich am nächsten Morgen auch dort wieder abgeholt würde. Tags darauf wurde ich dann im Verbandsbüro mit den Worten „Wir sind froh, dass du da bist!" begrüßt und mir wurde mitgeteilt, dass ich erst einmal ohne Spieler sein würde. Diese langsame Art der Araber, die dazu führte, dass ich geschlagene zwei Wochen in meinem Hotel herumlungerte, ohne einen Athleten zu Gesicht zu bekommen, machte mich rasend. Es passierte aber auch rein gar nichts! Überhaupt schienen es die Einheimischen nicht so mit der Arbeit zu haben. Die Syrer bevorzugten, natürlich auch hitzebedingt, den Abend für Aktivitäten aller Art. Auch das Essen war gewöhnungsbedürftig. Zu jeder Mahlzeit gab es Hühnerfleisch in allen erdenklichen Variationen. Chicken, chicken, chicken…

Nach 14 Tagen trafen endlich 20 bis 25 Basketballspieler in Damaskus ein. Ein Freund von Christos wurde mir als Co-Trainer zur Seite gestellt und ich musste aus diesem Spieleraufgebot die 12 Athleten aussuchen, die nach China reisen sollten. Sieben oder acht waren auf den ersten Blick nicht olympiatauglich. Aus dem restlichen Kader hatte ich nach fünf bis sechs Trainingseinheiten die 12 Spieler beisammen, die schließlich das von mir aus Alt und Jung neu zusammengestellte Nationalteam bildeten. Der von den Syrern gewünschte Verjüngungsprozess war damit auch erfolgreich abgeschlossen.

Ergänzend möchte ich an dieser Stelle noch anmerken, dass mir Beate mit der kleinen Eveline nach Damaskus nachgereist war. Sie hatten allerdings erhebliche Probleme bei der Einreise, da man sie nicht vom Flughafengelände lassen wollte. Sie mussten eine Zeitlang im Flughafenhotel bleiben, bis sie mit Hilfe des Verbandes ins Land und damit auch in meine Nähe durften.

Nachdem das Team stand, hatte der Verband ein 20-tägiges (!) Trainingslager mit Stationen in verschiedenen Ländern für uns vorgesehen. Man konnte es auch als einen vom Verband bezahlten Urlaub ansehen. Zuerst fuhren wir mit dem Bus zu einem internationalen Turnier nach Amman, die Hauptstadt des benachbarten Jordanien. Dort lernte Eveline das Laufen und Beate musste sich ständiger Belästigungen der im Bus hinter ihr sitzenden Männer erwehren, die es auf ihre blonden Haare abgesehen hatten, die sie ihr als eine Art Souvenir einzeln auszureißen versuchten. Blonde Haare haben auf arabische Männer eine enorme Anziehungskraft, was sich später auf unserer Tournee noch bestätigen sollte!

Als wir zu unserem ersten Spiel gegen Ägypten in der vollen Halle standen, ereilte mich ein Hilferuf von Beate, die unser Baby vermisste und immer wieder hysterisch schrie: „Die haben unser Baby geklaut!". Erst nach langem Suchen stellte sich heraus, dass fremde arabische Frauen unsere Kleine in durchaus freundlicher Absicht als Spielgefährtin für ihre eigenen Kinder einfach mitgenommen hatten. Ein im Nahen Osten durchaus üblicher Vorgang, wie man uns glaubhaft versicherte. Das Spiel verloren wir gegen den späteren Turniersieger übrigens deutlich. Auch gegen unseren zweiten Gegner Angola setzte es eine klare Niederlage. Das Turnier beendeten wir auf dem fünften Platz von acht Mannschaften.

Die nächste Station unseres „Trainingslagers" war Dubai. Dort absolvierten wir in fünf Tagen drei Spiele gegen Vereinsmannschaften der Vereinigten Arabischen Emirate (VAE), die wir allesamt gewannen. In Dubai sah man kaum Einheimische arbeiten, es wimmelte nur so von Fremdarbeitern aus aller Herren Länder. Der durch die Erdölvorkommen verursachte plötzliche Reichtum hatte die Menschen anscheinend bequem werden lassen.

Von Dubai flogen wir für einige Tage in die Türkei und von dort weiter nach Tunesien in ein Hotel direkt am Strand. In den etwa 10 verbleibenden Tagen war ein reguläres, vernünftiges Training kaum möglich. Natürlich hatte ich meinen Spielern auch Anweisungen für ihr Leben abseits des Trainings gegeben, die dort allerdings weitgehend Schall und Rauch waren. Die mitgereisten Funktionäre lebten sowieso nicht vorbildlich und wie es sich für fromme Muslime gehört, die Spieler schlossen sich dem nach und nach an. Als größtes Problem erwies sich dabei die Lage unseres Hotels, denn der Strand war fast den ganzen Tag lang von vielen zugegeben sehr hübschen, blonden Russinnen belagert, die es zu unerwartetem Vermögen gebracht hatten und es sich nun extrem knapp bekleidet am Tunesischen Strand gut gehen ließen. Ich versichere, nie zuvor solch knappe und eigentlich nicht jugendfreie Bikinis gesehen zu haben. Die Jungs waren natürlich aus dem Häuschen. Statt des morgendlichen Strandlaufs umschwirrten sie lieber die attraktiven, halbnackten Girls und auch an eine vernünftige Mittagspause im Hotel war kaum zu denken, dazu war das Alternativangebot einfach zu reizvoll. Abends wurde dann meist noch Party gemacht. Das Ganze erinnerte inzwischen mehr an Urlaub als an ein ordentliches Trainingslager und ich war froh, als wir endlich wieder syrischen Boden unter den Füßen hatten. Da nun unsere Abreise nach Harbin, dem Austragungsort der Asienmeisterschaften, bevorstand, musste ich mich auch von meinen beiden Frauen trennen, die nach Hamburg zurückflogen.

Am Tag vor unserem Abflug nach China kam der Sportdirektor des syrischen Verbandes zu uns und erklärte vor versammelter Mannschaft mit knappen

Worten „Wir werden getestet!" Damit meinte er die natürlich auch bei Asienmeisterschaften üblichen Dopingkontrollen. Spontan erhoben sich meine beiden Center und verließen mit dem Satz „Okay, wir sind dann nicht dabei!" den Raum. Ich muss dazu sagen, dass Dopingkontrollen zumindest zu dieser Zeit in Syrien in keiner Sportart auf der Tagesordnung standen. Trotzdem war ich erstmal geschockt und mein Problem war nun auf die Schnelle Ersatz für meine besten langen Männer zu finden. Aus den Reihen der zuletzt aussortierten Spieler konnte ich zwar relativ kurzfristig den Kader wieder aufstocken, die Ersatzleute genügten aber internationalen Ansprüchen natürlich bei weitem nicht.

In China herrschte vor dem Eröffnungsspiel, das wir ausgerechnet gegen den Gastgeber zu bestreiten hatten, große Aufregung. Die Presse war überall vor Ort und der gesamte Medienwirbel war gewaltig. Überall hingen Fotos von Yao Ming, dem 2,29 Meter großen Held des chinesischen Basketballs, der sogar in der NBA für Schlagzeilen gesorgt hatte. Ich muss sagen, dass ich schon neben vielen extrem großen Spielern gestanden hatte, aber Yao Ming war noch mal ein Sonderfall, ein imponierender, 145 Kilogramm schwerer Kerl! Er war einfach gigantisch!

Zu meinem Entsetzen verletzte sich auch gleich in diesem ersten Spiel mein bester Mann bei einer Aktion gegen „supernatural" Yao Ming und musste für den Rest des Turniers passen. Inzwischen ist er allerdings wieder fit und heute noch in den Niederlanden aktiv. Ich muss nicht erwähnen, dass wir gegen den späteren Meister klar verloren. Am Ende der Meisterschaft belegten wir einen bescheidenen neunten Platz und waren damit weit unter den sicherlich überzogenen Erwartungen geblieben. Für mich bedeutete das die sofortige Beendigung meiner ohnehin eigentlich unmöglichen Mission. Leider folgte auch die finanzielle Sanktion auf dem Fuße. Man gewährte mir über die Monate hinaus, die ich effektiv im Einsatz war, keinen Cent! Eine Klage war ebenso aussichtslos. Dennoch schickte ich aus Deutschland im Oktober 2003 einen offiziellen Report an den syrischen Verband, in dem ich mit Kritik nicht sparte. Ich muss nicht sagen, dass das selbstverständlich nicht dazu führte, dass man mir die vertraglich vereinbarten Gelder noch eines Tages überwiesen hätte.

Zu Hause konnte ich sofort wieder als Feuerwehrmann bei Rist-Wedel einsteigen und das Team gerade noch vor dem Abstieg aus der zweiten Liga retten. Immerhin ein kleines Erfolgserlebnis, das auch im übrigen Deutschland positiv zur Kenntnis genommen wurde.

9.

Wir schrieben inzwischen das Jahr 2004 und ich musste mir etwas einfallen lassen, wenn ich mal wieder ein ausreichendes Einkommen erzielen wollte. Da ich genügend Zeit hatte, schickte ich an alle Basketball-Erstligisten eine Initiativbewerbung. Mit Erfolg, denn bald meldete sich Harald („Harry") Prinz, der Manager der Walter Tigers Tübingen telefonisch bei mir. Er und Präsident Roland Oppermann luden mich zu einem Vorstellungsgespräch nach Tübingen ein. Nach einem ausführlichen Interview kamen sie zu dem Schluss, dass ich der perfekte Trainer für ihr Team sei. Tübingen hatte allerdings einen schlechten Ruf als Fahrstuhlmannschaft, die schon mehrmals auf- und abgestiegen war. Mit der

„Walter AG" hatten sie jedoch einen potenten neuen Sponsor an Land gezogen und eine neue, größere Halle war ebenfalls erstellt worden. Letztere durfte ich als erster Coach direkt einweihen. Da Tübingen trotz allem angeblich noch den niedrigsten Etat der Liga besaß, hatte man als Saisonziel lediglich den Klassenerhalt ausgegeben. Zur Verstärkung des Teams konnte ich Center Tim Nees und Robert Wintermantel (jetzt Manager) verpflichten und realisierte die Zielvorgabe tatsächlich schon sieben Spieltage vor Saisonende! Für die nicht gerade verwöhnten Tübinger eine sensationelle Leistung! Dennoch gab ich die Perspektiven für Tübingen dem „Schwäbischen Tagblatt" gegenüber eher kritisch zu Protokoll.

„Der Frust über die schlechte Leistung gegen den siebenfachen Meister (Alba Berlin) *provozierte auch Tigers-Coach Elzie zu einem Rundumschlag. ‚Es fehlt vielen Spielern an Professionalität. Nächstes Jahr muss der Kader eine bessere Qualität haben.' Einige Spieler hätten nicht genug Biss oder würden sich gar freuen, wenn der Teamkollege und Konkurrent schlecht spielt.*

Wer nun in der nächsten Saison nicht mehr das Tigers-Trikot überziehen wird, ließ Elzie offen."

Passend zum Start in die zweite Saison wurde am 28. August 2005 mein Sohn Jonathan in meiner Gegenwart in Tübingen geboren. So wuchs unsere Familie auf vier Köpfe an.

Ende 2005 antwortete ich dem Tübinger Tagblatt auf die Frage „Was war Ihr persönliches Highlight 2005?"

„Die Geburt meines Sohnes war für mich natürlich der schönste Moment überhaupt. Sportlich waren es die beiden Siege in Frankfurt. Letzte Saison haben wir den Klassenerhalt dort eigentlich klar gemacht, diese Saison war es ein Super-Auftakt in die Saison."

Meine Ziele für 2006:

„Ich hoffe auf Gesundheit und darauf, dass es meiner Familie gut geht. Ein Ziel für mich ist hoffentlich die Vertragsverlängerung hier in Tübingen. Und das Sahnehäubchen wäre das Erreichen der Play-Offs."

Da einige Spieler den Verein verlassen hatten, musste ich ein neues Team formieren. Mit sechs Siegen bei ebenso vielen Niederlagen gelang uns ein passabler Saisonstart und wir fanden uns auf dem sechsten Tabellenplatz wieder. Leider fielen kurz darauf drei Spieler meiner Startformation verletzungsbedingt aus, darunter leider auch der Point Guard Antoine Williams. Prompt verloren wir die nächsten vier Spiele gegen starke Gegner wie den Meister Köln, zwei davon erst nach Verlängerung. Ich ging zum Manager mit der Forderung „Wir brauchen Spieler!" Ein reguläres Training war mit diesem reduzierten Kader kaum noch möglich. Statt neuer Profis wurden mir 17- und 18-jährige Jugendliche aus der Oberligamannschaft geschickt. Nachdem wir darauf gegen Leverkusen unter Coach Dirk Bauermann nach Verlängerung verloren hatten, hieß es Samstagabend im TV noch „Elzie steht nicht zur Disposition!" Montagmorgen rief mich Prinz jedoch in sein Büro und sagte mit Tränen in den Augen: „Es tut mir leid, aber hast du die Foren nicht gelesen?" Immerhin standen wir Anfang 2006 trotz allem immer noch auf Platz 11 der Bundesligatabelle. Das offizielle Datum auf meinem Kündigungsschreiben war der 28.2.2006. Viele Anhänger des Vereins verstanden die Welt nicht mehr. Klaus Ruckgaber, Tigers Fan, machte seinem Frust in folgendem an mich adressierten und veröffentlichten Leserbrief unter der Überschrift „Respekt und Dankbarkeit" Luft.

„Lieber Coach,

schon lange wollte ich dich einmal fragen, wie du es eigentlich schaffst, aus einem Dutzend Profis, die unterschiedlicher nicht sein könnten, eine Mannschaft zu formen, die sich in der höchsten deutschen Spielklasse recht beachtlich schlägt und einen Platz im Mittelfeld einnimmt. Ich verstehe vielleicht nicht so viel davon, aber für mich ist das außergewöhnlich. Wenn ich mir vorstelle, dass du mit minimalem Etat (und Gehalt?) und kürzester Vorbereitungszeit aus lauter Individualisten solch eine Truppe hervorzauberst, sie trotz herber Rückschläge wieder aufrichtest, bei Laune hältst, dich Tag und Nacht kümmerst und bei allzu heftiger Kritik schützend vor sie stellst, an sie glaubst, da bleibt mir nur Respekt und Dankbarkeit.

Guten und erfahrenen Trainern wie dir würde ich vertrauen, denn sie kennen ihr Handwerk und verlieren ihr Ziel nicht aus den Augen. Mir macht der Besuch eines

Basketballspiels in erster Linie viel Spaß! Wie ich dich einschätze, Coach, ist dir das zu wenig, viel zu wenig. Aber wie gesagt, als Laie verstehe ich vielleicht nicht genug davon.°

Sofort nach meiner Kündigung in Tübingen wurde ich inoffiziell in Karlsruhe bei der dortigen ebenfalls in der 1. Liga spielenden BG Karlsruhe tätig und erlebte die letzten Saisonspiele mit. Ab dem 1. August 2006 war ich offiziell als Associated Headcoach (AC) unter Headcoach Horst Schmitz im Amt. Ich kannte ihn noch als Spieler, denn früher hatten wir ein paar Mal gegeneinander gespielt. Leider lief es diesmal anfangs gar nicht gut und Schmitz erwies sich auch nicht gerade als der ideale Headcoach. Dagegen war Manager Matthias Dischler ein echter Hardliner, der nach dem Motto „hire and fire" vorging und auch vor Beleidigungen von Sponsoren nicht zurückschreckte. Meine Leistungsträger hießen Rouven Roessler und der französische Altstar Narcisse Ewodo, der am Ende seiner Karriere noch einmal groß Kasse machte, mit seiner Familie in einer vom Club finanzierten Wohnung in Straßburg leben durfte und gleich zwei Autos zur Verfügung gestellt bekam. So geriet auch Karlsruhe bald in Geldprobleme und die Spieler und ich warteten monatelang auf unsere Gehälter. Dischlers Devise lautete „Gewinnt erst Spiele, dann bekommt ihr auch euer Geld!" Am Jahresende ging ich mit den Worten „Das geht so nicht!" zu ihm. Zu allem Überfluss bekam Schmitz wahrscheinlich stressbedingt solch gravierende gesundheitliche Probleme, dass er sich ins Krankenhaus begeben musste. Mit „Ich kann nicht mehr, du musst die Mannschaft übernehmen!" verabschiedete er sich als Headcoach und ich durfte seine Rolle übernehmen. Als wir eines Tages beim Videostudium saßen, kam Ewodo nicht. Er war stattdessen zu Dischler ins Büro geeilt und forderte resolut „Entweder Geld oder ich spiele nicht!" In der Tat war der Verein auch ihm gegenüber bereits drei Monate im Verzug und tatsächlich übergab Rechtsanwalt Dischler wenig später Ewodo die unverhältnismäßig hohen drei Monatsgehälter. Als der Franzose dies der übrigen Mannschaft freudig berichtete und außerdem noch extrem schlecht spielte, war die Stimmung im Team restlos kaputt. Noch im Dezember verloren wir das erste Spiel unter meiner Regie gegen die starken Artland Dragons mit einem Buzzer-Beater und auch das nächste Spiel gegen Braunschweig ging klar verloren. Obwohl mit Ausnahme von Ewodo keiner von uns seit Monaten Geld bekommen hatte, empfing mich der allmächtige Manager mit den Worten: „Das waren die zwei am schlechtesten gecoachten Spiele, die ich je gesehen habe! Du bist gefeuert!" Ich war geschockt! Es dauerte auch nicht lange, bis sich ein neuer Coach in Karlsruhe vorstellte. Ich wollte mir diese Behandlung nicht gefallen lassen und zog wegen der noch ausstehenden Gelder gegen Dischler vor Gericht. Nach langem Hin und Her schlossen wir schließlich einen Vergleich und ich bekam wenigstens einen Teil der mir noch zustehenden Bezüge.

Glücklicherweise meldete sich bald darauf Roger Washington, ein alter Freund aus Tübinger Zeiten, und stellte für mich einen Kontakt zu den VfL Kirchheim Knights her, die auf dem letzten Platz der zweiten Liga Süd lagen. Mein schnell geschlossener Vertrag belief sich auf den Zeitraum vom 1. Juli 2007 bis zum 30.4.2008. Die damit verbundenen Gehaltseinbußen konnte ich mit einem Job bei LIDL ausgleichen. Die insgeheim erhoffte Übernahme ins LIDL-Management gelang mir leider nicht. Sportlich konnte ich nach einem ersten knappen Sieg wieder einmal eine gewisse Euphorie auslösen mit der Folge, dass wir acht Siege hintereinander einfuhren und in der neu geschaffenen ProB auf Korbjagd gehen durften.

Die Lokalpresse beschrieb rückblickend die Situation vor meiner Verpflichtung und die dann einsetzende Erfolgsserie am 18. April 2007 im Lokalsport wie folgt:

„Den Verantwortlichen um die beiden verbliebenen Geschäftsführer Stefan Schmauder und Siegfried Meissner blieben nur wenige Tage, um vor dem nächsten Spiel einen neuen Headcoach aus dem Hut zu zaubern.

Dass dies mit der Verpflichtung des Amerikaners Pat Elzie gelang, ist für viele heute der entscheidende Aspekt. ‚Der Trainer hat großen Anteil am Erfolg', weiß der stets eng an der Mannschaft agierende Manager Oesterle, seit 40 Jahren im Kirchheimer Basketball aktiv, glaubt auch den entscheidenden Unterschied zwischen Elzie und seinem Vorgänger Pasko Tomic erkannt zu haben. ‚Pasko war der Kumpel-Typ, da er alle Spieler schon lange kannte. Pat hat dagegen den Dreh zwischen

Zuckerbrot und Peitsche besser raus.' Stefan Schmauder stößt ins gleiche Horn. ‚Pat kann Spieler an manchen Tagen besser machen, als sie sind.'

Entsprechend groß sind die Hoffnungen, die nun an Elzie geknüpft werden – schließlich war der Ex-Coach von Bundesligist BG Karlsruhe in Kirchheim ursprünglich nur als ‚Feuerwehrmann' mit dem Ziel Klassenerhalt engagiert worden."

In der zweiten Saison stieg Kirchheim mit mir als Headcoach dank eines zweiten Platzes in der ProB hinter Essen in die neu geschaffene eingleisige ProA auf.

Privat lief es weniger gut. Beate fühlte sich in Süddeutschland nicht wohl und sehnte sich zurück nach dem Norden, speziell in ihre alte Heimat Hamburg. Sie wurde immer unzufriedener, weil auch die Einschulung von Eveline bevorstand, die, wie von uns beiden gewünscht, in Hamburg zur Schule gehen sollte. Also verzichtete ich, auf das Wohl meiner Familie bedacht, auf eine Fortsetzung meines Engagements in Kirchheim und orientierte mich auch wieder in Richtung Hansestadt-

10.

Wie von Beate gewünscht, ließen wir uns bald darauf wieder in Norddeutschland nieder, sie mit den Kindern in ihrem geliebten Hamburg und ich als der neue Trainer der Bremen Roosters (ProA) in der schönen Stadt an der Weser.

Bei einem Camp der Firma Spalding und der Spielergewerkschaft in der Reihe „Basketball made in Germany" hatte ich den Türken Burak Canboy kennen gelernt, der als Inhaber der vorwiegend in Osteuropa und Asien tätigen Softwareschmiede „Winrar" über ein beträchtliches Vermögen verfügte. Später traf ich ihn in Hamburg beim Besuch eines Basketballländerspiels Deutschland gegen Italien wieder. Er war hoch erfreut mich wiederzusehen und zu erfahren, dass ich wieder in Norddeutschland ansässig war. „Du kommst gerade richtig. Die Bremen Roosters brauchen dringend einen Manager und einen Sportdirektor! Das wäre eine ideale Aufgabe für dich!" Da ich selbstverständlich einige Hintergrundinformationen besaß, war mir klar, dass die

Roosters, die in Basketballdeutschland nicht gerade den besten Ruf besaßen, meinen guten Namen benutzen wollten, um sich in ein besseres Licht zu setzen.

Trotz aller Bedenken nahm ich sein Angebot an, das für mich allerdings totales Neuland bedeutete. Am 14. Juli 2008 begann offiziell meine Tätigkeit für die Bremer. Nach dem Umzug aus Süddeutschland hieß das für mich wieder einmal zwischen meinem Wohnort und dem meiner Familie zu pendeln.

Schnell merkte ich, dass die Bedingungen für professionellen Basketball bei den Roosters eigentlich nicht gegeben waren. So reiste man z.B. noch mit privaten Autos zu den Spielen an. Canboy saß auch eher auf seinem Geld, als dass er es unters Team brachte. Insgesamt waren meine Arbeitsbedingungen super, super schwierig und im Grunde genommen eine einzige Katastrophe.

Als ich wieder einmal mit Canboy über die Finanzen stritt und mich zu der Aussage „Das geht nicht!" hinreißen ließ, reagierte er total gereizt. „Wenn du das nicht unterstützt, bist du gefeuert!" Und so kam es, wie es kommen musste. Zum 15. Januar 2009 wurde ich meiner Aufgaben als Sportdirektor entbunden.

Dieses Mal hatte ich mit einer Anschlussbeschäftigung enormes Glück. Am Tage meiner Kündigung in Bremen schloss sich nahtlos ein Job nur wenige Kilometer entfernt bei den Eisbären Bremerhaven an. Nach einem Anruf von Manager Jan Rathjen konnte ich am 15.1.09 dort gleich als Co-Trainer meine bis zum Saisonende befristete Arbeit aufnehmen und eine Chance auf den Posten des Headcoachs wurde mir zumindest perspektivisch in Aussicht gestellt.

Zum zweiten Mal in meiner Karriere war ich also ein Associated Coach (AC). Bremerhaven befand sich in einem dieser typischen Seuchenjahre. Der Litauer Sarunas Sakalauskas wirkte dort im achten Jahr als verdienter Trainer. Seine Truppe hatte jedoch 15 Pflichtspiele in Folge verloren, sodass sich die Vereinsspitze gezwungen sah, ihn zu entlassen und seinen Posten an seinen bisherigen Co-Trainer und Landsmann Algirdas Milonas zu übertragen, dessen Stellvertreter ich von nun an war.

Milonas' Problem war, dass er kaum Englisch sprach und deshalb enorme Verständigungsprobleme mit den acht verpflichteten amerikanischen Spielern hatte. In meiner Person sah er wohl die Chance, sich aus der Affäre zu ziehen. Jedenfalls kam er sehr bald mit dem Vorschlag, dass er mir beim Training zuschauen wolle. „Ich will sehen, wie du das machst!", waren seine Worte. Also übernahm ich inoffiziell die Leitung des Teams und wir gewannen unter meiner Regie tatsächlich endlich einmal wieder gegen Braunschweig und Düsseldorf zwei Spiele hintereinander.

Zur Entlastung von Sakalauskas möchte ich an dieser Stelle ergänzen, dass die Niederlagenserie vor allem darin begründet lag, dass Marcus Slaughter, der bis dahin beste Spieler der gesamten Liga, anlässlich eines Auswärtsspiels in Köln wegen unsportlichen Verhaltens und Disziplinlosigkeit gefeuert werden musste. Er hatte die Dreistigkeit besessen etwa 40 Minuten vor Spielbeginn in Köln noch genüsslich eine Currywurst mit Pommes Frites zu verzehren, weil er bis dahin angeblich nichts zu essen bekommen hatte. Insider nehmen allerdings an, dass er seinen Rauswurf von langer Hand geplant hatte, da er gleich im Anschluss an seinen Affront nach Frankreich wechselte, wo er für verschiedene Erstligisten spielte. Von 2012 bis 2015 spielte er gegen ein fürstliches Gehalt für Real Madrid.

Auf „Befehl" des Vorstands musste ich trotz meines erfolgreichen Einstiegs die Verantwortung für die Mannschaft sofort wieder an Milonas abgeben. Die Jungs waren sehr enttäuscht, denn sie wollten gerne mit mir weitermachen. Nach dem Spiel in Bamberg erfuhr ich von einem alten Fan, dass der Vorstand angeblich Doug Spradley als neuen Headcoach für die Saison 2009/2010 favorisierte. Als ich Rathjen von diesem Gerücht erzählte, wiegelte dieser ab und meinte, dass die Entscheidung erst nach der Saison fiele und ich einer unter einigen Kandidaten für den Trainerposten sei. Als dann direkt am Ende der Saison Spradley sofort als neuer Headcoach präsentiert wurde, war ich doch sehr enttäuscht. Ich hielt Bremerhaven für ein richtig gutes Team mit viel Potential. Es war wirklich schade, dass ich als Arbeitsloser wieder zurück zu meiner Familie nach Hamburg musste!

Milonas glückte übrigens keine Fortsetzung meiner kleinen Siegesserie und am Ende der Saison hieß die Bilanz der Eisbären: Abstieg nach 27 Niederlagen bei nur sieben Siegen! Nur mit Hilfe einer 100.000 € teuren Wildcard erzwang Bremerhaven schließlich doch noch die Teilnahme an der Saison 2009/2010 in der BBL.

Nach einem ausgiebigen Amerikaurlaub mit der Familie stellte sich für mich die Frage nach einem neuen Job umso dringlicher. Da es in der Beziehung zu Beate zu kriseln begonnen hatte und meine letzten Erfahrungen in Deutschland ja wirklich nicht die besten waren, liebäugelte ich mit einer Beschäftigung im Ausland. Also verfasste ich erneut etliche Initiativbewerbungen, die ich an Vereine in vielen Ländern Europas wie Griechenland, Belgien, England, Zypern und auch die Türkei schickte. Die erste Antwort kam in Form einer E-Mail vom AEK Larnaca aus Zypern. Der dortige Präsident Louis Demetriou bekundete darin großes Interesse an meiner Person und wollte umgehend mit mir telefonieren. Nach einem Telefonat von gut einer Viertelstunde an einem Donnerstag war klar, dass ich sofort nach Larnaca kommen sollte. Bislang hatte der AEK Larnaca einen kanadischen Trainer, mit dem man eigentlich zufrieden war, der zurzeit jedoch in Nordamerika unabkömmlich war. Sein Sohn war an der amerikanisch-kanadischen Grenze als Drogenhändler aufgeflogen, saß in Untersuchungshaft und sein Vater wollte ihm in dieser Krise unbedingt beistehen.

Voraussetzung für mein Engagement war laut Demetriou meine unbedingte Akzeptanz des bereits feststehenden Teams, mit dem ich zu arbeiten hatte. Meine optimistische Antwort „Ich kann mit jeder Mannschaft arbeiten!" sollte ich später noch bereuen. Hatte ich am Samstagabend noch gemeinsam mit Beate und etlichen Prominenten den Geburtstag von Dietmar Müller-Dunkmann, der ein alter Bekannter von mir und unter anderem Hallensprecher der HSV Handballer war, im Hamburger Hafenviertel gefeiert, so saß ich am Montagmorgen bereits im Flieger nach Zypern, für mich eine große Unbekannte. Es war wirklich ein sehr schöner Ort, zwar stark vom Tourismus geprägt, aber im August 2009 überwogen eindeutig die positiven Eindrücke. Fast berauscht gab ich mich ausgiebig den Impressionen an wundervollen Stränden hin. Eigentlich war ich nämlich viel zu früh erschienen, da der Großteil des Kaders noch im Urlaub war. So blieb mir nur ein gelegentliches Individualtraining mit den wenigen bereits anwesenden Jungs. Demetriou hatte Großes vor. Der ehemalige holländische Basketballprofi Geert Hammink, der nach dem Tod seines Chefs Inhaber der großen europäischen Basketballagentur Courtside geworden war, wollte Spieler vermitteln und nahm deshalb bald Kontakt zu mir auf. Er warnte mich eindringlich vor den Gepflogenheiten auf Zypern allgemein und speziell vor der Person des Präsidenten des AEK Larnaca. Ich sollte vorsichtig sein!

Als nach etwa zwei Wochen endlich alle Spieler inklusive dreier US-Boys und zwei Jungs aus dem ehemaligen Jugoslawien vor Ort waren, konnte ich mit meiner systematischen Trainingsarbeit beginnen. Vorweg unterzog ich meinen gesamten Kader dem Cooper-Test. Die Resultate waren niederschmetternd. Der fast 2,15 Meter große, spindeldürre amerikanische Center musste bereits nach zwei Runden (= 800 Meter) erschöpft aufgeben, sein Landsmann auf der Spielmacherposition schleppte sich sichtbar verletzt humpelnd die 12

Minuten über die Stadionrunden und auch der Rest war nicht voll überzeugend. Wie sollte ich mit dieser Truppe Großes erreichen? Die Meisterschaft war mit diesen noch nicht einmal richtig fitten Jungs ganz sicher nicht zu realisieren! Der Center war genau genommen nur ein besonders großer Small Forward. Nach den ersten Eindrücken beim Hallentraining erschien ich mit der Bitte um neue Spieler das erste Mal bei Demetriou, der mir jedoch nicht einmal zwei neue Amis bewilligen wollte. Zwei Wochen später gab er mit den Worten „Du hast Recht!" klein bei und schickte den „Center" nach Hause. Seine unmissverständliche Aufforderung an mich lautete: „Du musst einen Ersatz finden!" Eine meiner leichtesten Aufgaben, hatte ich doch im mehrfach talentierten Yemi Nicholson, der 2,11 Meter maß, für die Denver University gespielt hatte und den ich aus Bremerhavener Tagen kannte, gleich einen passenden Vertreter parat.

Ich erinnerte mich daran, dass ich während eines Auswärtsspiels mit den Eisbären in der Hotellobby einen Flügel entdeckte. Als ich Yemi auf diesen meines Erachtens ungewöhnlichen Umstand hinwies, irritierte er mich mit der Frage „Willst du etwas hören?" Ohne meine Antwort abzuwarten setzte er sich ans Instrument und begeisterte mich vom ersten Moment an mit einem unglaublich professionellen und virtuosen Spiel. Ihm zuzuhören war ein echter Genuss, egal, ob er klassische oder jazzige Töne anschlug! Er erwies sich als wahrer Könner in allen Musikrichtungen. Inzwischen soll er bereits etliche Tonträger auf den Markt gebracht haben.

Demetriou zerstörte meine Träume jedoch sehr schnell. Anlässlich eines Abendessens meinte er zu mir „Nee, den nicht!" Dabei ging es ihm sicher nur um die Zurschaustellung seiner Macht. Der darauf folgende Streit war deshalb im Nachhinein betrachtet sinnlos. Er hatte auch gleich in der Person eines ehemaligen NBA-Profis eine Alternative zur Hand. Gott sei Dank erwies sich sein Mann als durchaus guter Spieler. Dies konnte er schnell bei einem Vorbereitungsturnier in Sofia beweisen, in dem sechs Teams in zwei Gruppen a´ drei Mannschaften spielten. Das gesamte Team spielte jedoch schwach, der verletzte Point Guard war nur die Hälfte wert und wir belegten am Ende den vierten Platz im von der Heimmannschaft Lukoil Academic Sofia dominierten Turnier.

Immerhin erschien der Präsident wenig später mit den Worten „Du hast Recht, wir brauchen einen Aufbauspieler!" bei mir. Hocherfreut dachte ich spontan an den sehr talentierten Torey Thomas, der von 2003 – 2007 auch für die Holy Cross Crusaders gespielt hatte. Nachdem sich Demetriou jedoch ein Video von Torey angeschaut hatte, änderte er seine Meinung wieder. „Nee, wir behalten den alten!" Was sollte ich zu diesem verrückten Spiel sagen?

Nach einem weiteren Vorbereitungsspiel, in dem unser alter Aufbau eine katastrophale Leistung geboten hatte, kündigte der Präsident ihm in meiner Abwesenheit. Abends erschien der soeben Gefeuerte ganz kleinlaut zum Training, bedankte sich ausdrücklich für alles bei mir und teilte mir sichtlich enttäuscht mit „Ich bin heute Nachmittag entlassen worden." Ich bekundete ihm mein Mitleid. Es sollte allerdings noch schlimmer kommen, denn zwei Stunden später tauchte er völlig überraschend wieder auf. „Ich bin noch da!" „Wie?" Extrem verärgert nahm ich diese erneute Wendung zur

Kenntnis. Demetriou hatte wohl gemerkt, dass er ihn hätte auszahlen müssen und revidierte daraufhin skrupellos seine Entscheidung. Eine Posse!

Wir verloren auswärts erneut ein Freundschaftsspiel, obwohl der Aufbau jetzt trotz seiner Verletzung besser spielte. Dennoch war ich nun endgültig mit meiner Geduld am Ende und es kam zum offenen Konflikt mit Demetriou. Wir brüllten uns gegenseitig an und schließlich schrie ich: „Das kannst du nicht machen!" Es half aber alles Schreien nicht.

Zum Glück kamen bald darauf Beate und die Kinder zu Besuch. Ich wollte Beate einen offiziellen Heiratsantrag machen und hatte zu diesem Anlass heimlich einen wunderschönen Ring gekauft. Gleich bei ihrer Ankunft wirkte meine Lebensgefährtin allerdings ziemlich kalt. Als ich nach der Ursache zu forschen begann, sagte sie nur: „Ich kann nicht mehr!" Sie wollte die Trennung. Ich war total geschockt, hatte ich mich doch so auf die Überraschung mit dem Ring und dem Heiratsantrag gefreut! Es dauerte lange, bis ich einen klaren Gedanken fassen konnte. Wenn ich an meine geliebten Kinder dachte, breitete sich Panik in mir aus. Ich wollte den

Kontakt zu ihnen um keinen Preis verlieren! Voller Verlustängste spielte ich mit dem Gedanken, ihnen auf der Stelle zu folgen. Den Ring hatte ich zum Glück noch gar nicht erwähnt. Später konnte ich ihn völlig desillusioniert wieder beim Juwelier umtauschen. Gott sei Dank blieben sie nur eine Woche und ich musste mich wieder voll auf meine Traineraufgabe konzentrieren, obwohl mir der Abschied von den Kindern fast das Herz zerriss.

Unser erstes Saisonspiel war ein Heimspiel gegen einen bislang eher als mittelmäßig bekannten Gegner. Vor nicht einmal 500 Zuschauern verloren wir mit 4 Punkten. Auf Seiten der gegnerischen Mannschaft spielten allerdings Anthony King, der für die Deutsche Bank Skyliners Frankfurt und später einige Jahre für die Artland Dragons aufgelaufen war, und mit Ken Tutt ein klasse Aufbau. Demetriou, mit 1,68 Metern Körpergröße eher ein Zwerg, war über die im TV live übertragene Niederlage so erbost, dass er einen Schiedsrichter verprügeln wollte. Funktionäre und Spieler konnten ihn mit Mühe und Not zurückhalten. Noch so ein unmöglicher Auftritt und diesmal sogar in aller Öffentlichkeit!

Anfang der folgenden Woche passierte dann weiter Merkwürdiges. Demetriou besaß eine Kette von Sushi-Restaurants auf Zypern. In eine dieser Gaststätten hatte er mich eingeladen. Als ich mittags dort erschien, war kein Mensch außer ihm selbst zu sehen. Er empfing mich ausgesprochen freundlich. „Willst du etwas trinken? Gleich kommt noch ein Freund von mir." Etwa fünf Minuten später – ich saß am Fenster - donnerten zwei schwere Motorräder auf den Hof, von denen zwei klar erkennbar bewaffnete Typen stiegen. Wenig später folgte ihnen ein Hummer mit verdunkelten Fensterscheiben. Den Abschluss der kleinen Kolonne bildeten zwei weitere Motorräder. Die ersten beiden Motorradtypen kamen ins Restaurant und inspizierten die Toiletten, die Küche und alle weiteren Räume. Als ihnen die Luft anscheinend rein zu sein schien, entstieg dem Hummer ein riesiger, muskelbepackter Kerl, begleitet von zwei Begleitern, die sich an der Tür aufbauten. Der augenscheinliche Boss wurde mir sogleich als Freund von Demetriou vorgestellt. Nachdem wir alle einige Sushi-Rollen aufgetischt bekommen hatten, ergänzte Louis die Vorstellung des Riesen. „Das ist der Mafia-Boss!" Und mich lachend mit dem Ellbogen in die Seite boxend, drohte er: „Du weißt, was passiert, wenn du das nächste Spiel verlierst?" Nach diesem plumpen Einschüchterungsversuch erkundigte sich der angebliche Mafia-Boss erstaunlich kultiviert nach dem Team und den Stärken und Schwächen einzelner Spieler. Trotzdem wollte ich nicht näher mit ihm zu tun haben und war froh, als ich endlich in Gedanken versunken den Heimweg antreten durfte.

Unser zweites Saisonspiel mussten wir auswärts gegen den Tabellenvorletzten und damit eines der schwächsten Teams der kleinen zypriotischen Liga bestreiten. Ihre Halle ist uralt und wir wurden durch extrem enge Gänge in den Katakomben des Gebäudes zu unserer Umkleidekabine geführt. Zu allem Überfluss wurde mein Team demontiert und wir verließen mit 20 Punkten Differenz geschlagen und mit hängenden Köpfen den Court. Weil Louis unzufrieden mit den bisher gezeigten Leistungen war, hatte er meine Jungs einfach nicht bezahlt, was wahrscheinlich ein Grund für deren desolate Vorstellung war. Direkt nach dem Spiel ging er auf mich zu. „Du bist sofort entlassen! Du musst weg!" Erleichtert nahm ich seine Worte zur Kenntnis. Gut, dass dieses Kasperletheater ein Ende hatte! Unter solchen Umständen ergab die Fortsetzung meiner Arbeit auch in meinen Augen keinen Sinn mehr. Als mein Nachfolger wurde noch im Oktober ein Zypriot eingestellt, dem verletzten Aufbau wurde endgültig gekündigt und für ihn ein Jugoslawe engagiert. Das erste Spiel nach meiner Entlassung wurde so knapp gewonnen, dann folgten fast nur noch Niederlagen. AEK Larnaca beendete die Saison 2009/2010 auf einem enttäuschenden 7. Tabellenplatz.

Ich blieb noch zwei Wochen vor Ort, suchte ein internationales Anwaltsbüro auf, das mir nach Zahlung von 400 € in sehr gutem Englisch versprach, alles zu meinem Besten klären zu können, da sich Demetriou natürlich weigerte, die vertraglich vereinbarten Honorare noch auszuzahlen.

Zurück in Hamburg teilte mir Beate mit, dass sie nicht mehr länger mit mir zusammenleben wollte. Nach der räumlichen Trennung von ihr fand ich bei einer Freundin meiner nun ehemaligen Lebensgefährtin für zwei bis drei Nächte in einer mini 1-Zimmer-Wohnung Unterschlupf. Leider erwiesen sich auch alle Versuche mit der Kanzlei in Larnaca telefonisch Kontakt aufzunehmen als vergeblich. Es war wie verhext, aber ich bekam dort niemanden ans Telefon! So konnte ich wieder einmal eine Menge vertraglich vereinbarten Geldes abschreiben und war diesmal sogar doppelt gestraft.

Ich werde gelegentlich gefragt, welche Spiel- oder Trainingsphilosophie ich vertrete. Dazu hier nur in aller Kürze: 1993 war ich an der Organisation eines Vorbereitungsturniers auf die Saison 93/94 in Gießen beteiligt. An diesem Turnier nahm auch das erfolgreiche Team aus Berlin mit ihrem berühmten Coach Svetislav Pesic teil. Es war übrigens das erste Mal, dass Sasa Obradovic für Berlin auflief. Bei dieser Gelegenheit ergab sich für mich die Möglichkeit, Pesic nach seiner Trainingsphilosophie zu befragen. Seine Antwort war relativ ernüchternd. „Ein Trainer kann nur so gut sein wie sein Team und sein Umfeld. Gehe immer nur zu einem Verein, wo du Erfolg haben kannst!"

Mehr beeindruckte mich da schon Tony DiLeo bereits 1987, dessen Credo lautete „Du brauchst Athleten!" und „Rennen, rennen, rennen! Man muss den Gegner müde machen!" Damit erwies er sich im Nachhinein als Vordenker moderner Basketballtaktik. Auch ich nahm mir vor, kein 51:49 als Resultat anzustreben. Ich versuche stets Fastbreak-Basketball, d.h. schnellen, offensiven Teambasketball spielen zu lassen, möglichst ergänzt um eine gute Portion Cleverness.

11.

Kaum hatte ich meine Zelte in der Notunterkunft aufgeschlagen, erreichte mich ein Anruf von Malte Scheper aus Vechta. Malte stammt aus Bremerhaven, gab sich voll seiner Basketball-Passion hin und wirkte inzwischen erfolgreich als Trainer in der niedersächsischen Provinz. Er hatte mich im Sommer für einen Tag als „Stargast" in das von ihm geleitete RASTA-Camp geholt. Mein erster Eindruck von Vechta war, dass es sich um einen relativ kleinen und unauffälligen Ort handelte. Einzig der Gebäudekomplex von Möbel Nemann auf dem Weg zur Sporthalle West fiel mir auf. Vom Stadtzentrum hatte ich eigentlich an diesem einen Tag noch gar nichts gesehen.

Malte war der Trainer-Job beim SC RASTA Vechta, den er unter glücklichen Umständen bis in die ProB Nord geführt hatte, allmählich zu viel geworden, da er auf die Vierzig zuging und endlich sein Lehramtsstudium wieder aufnehmen und erfolgreich abschließen wollte. Er redete nicht lange um den heißen Brei herum, sondern kam gleich zur Sache. „Pat, ich habe nur eine Frage: Kannst du meine Mannschaft übernehmen? Ich möchte dich dem Präsidium des Vereins als meinen Nachfolger vorschlagen." Unser kurzes Gespräch endete damit, dass er mir die Telefonnummer von Stefan Niemeyer, dem Präsidenten des Clubs, gab und ich ihm versicherte, dass ich mir alles einmal in Ruhe anschauen wollte. Niemeyer kam mir jedoch mit seinem Anruf innerhalb kürzester Zeit zuvor und vereinbarte mit mir ein sofortiges Vorstellungsgespräch in seiner Futtermittelfirma „MIAVIT", in dem er mir vor allem klar machte, dass RASTA nicht über besonders viel Geld verfügte und ich deshalb mit einem relativ bescheidenen Trainergehalt zufrieden sein müsste. Das Team sei außerdem eigentlich für die 1. Regionalliga zusammengestellt worden, da man ja nicht ahnen konnte, dass der Dritte der Abschlusstabelle sozusagen am grünen Tisch in die ProB aufsteigen würde. Unser Gespräch endete mit einem „Gut, dann mach ich das!" auf meiner Seite und einem „Wir probieren das!" auf Seiten der Vereinsführung. Es musste alles sehr schnell gehen, da Malte nur noch für ein Abschiedsspiel in Breitengüßbach zur Verfügung stand, das übrigens gewonnen wurde, und ich ebenfalls möglichst schnell meine Notunterkunft verlassen wollte. Da man mir so zügig noch keine eigene Wohnung besorgen konnte, wurde ich erstmal im Hotel „Villa Linda" untergebracht, was aber okay war. Gleich am ersten Abend klopfte es an meine Tür. Ich fragte, wer es sei und es ertönte die Stimme von Guido Lammers, der es sich auf der Stelle in meinem Zimmer bequem machte. Da ich nur in Unterhosen dastand, musste ich mich erst einmal schnell anziehen. Guido stellte sich als Teambetreuer und Gründungsmitglied des Vereins vor. Er besitzt die Gabe ohne Punkt und Komma zu reden. Innerhalb der nächsten 30 bis 45 Minuten wusste ich alles oder so gut wie alles über Rasta, Vechta, und seine Person. Bis heute stehen wir regelmäßig in Kontakt. Er war der erste, der mir von Arnis Schänke erzählte. Hier trafen sich die Jugendlichen nach einer Trainingseinheit. Sie wollten einem benachbarten Klub Paroli bieten und deshalb einen neuen Verein gründen. Nur ein Name musste noch gefunden werden. Ein typischer Vereinsname wie BC Vechta oder so ähnlich erschien ihnen nicht originell genug. Guido und seine Jungs hörten damals mit Vorliebe Bob Marley und als der Song „Rasta Vibrations" aus den Lautsprechern der Gaststätte ertönte, sagte Guido: „Wie wäre es mit Rasta Vechta?" Zuerst waren seine Freunde skeptisch, aber der Name hatte was und so wurde an diesem Abend Rasta Vechta gegründet.

Am 23. November meldete Vechta auf seiner Homepage die Ablösung von Malte kurz und knapp: „Mit Patrick Elzie rückt ein international bekanntes Schwergewicht auf seine Position." Was niemand zu diesem Zeitpunkt wissen konnte, es sollte der Beginn eines Basketball-Märchens werden.

Als ich das Team übernahm, hatte Vechta sechs Niederlagen bei drei Siegen auf dem Konto und die Amerikaner Chris Thompson und Marlon Jackson, der Deutsch-Türke Ismail Yaldiz sowie Gintaris Grigisas und Lukas Dawidowski waren die Leistungsträger. Überhaupt machte das gesamte Team einen guten ersten Eindruck auf mich. Bald stellte sich jedoch hinsichtlich meines Kaders heraus, dass es mit diesem Team schwer werden würde, die Liga zu halten. Ich ging also zu Niemeyer, schilderte ihm meine Eindrücke und bat, vor allem die deutschen Spieler betreffend, um personelle Verstärkung. Zu meiner Freude wurde mein Antrag positiv entschieden.

Der in Lörrach geborene Markus Hallgrimson, ein exzellenter Dreierschütze, der neben der deutschen auch die US-amerikanische Staatsbürgerschaft besitzt, kam im Dezember als erster zur Unterstützung ins Team. Aus Collegezeiten kannte er Joe Buck, dessen Großmutter in Magdeburg geboren wurde und der deshalb schnell einen deutschen Pass bekommen konnte. Telefonisch überzeugte er seinen alten Kumpel von einem Engagement bei uns. Weihnachten traf der 2,02 Meter große, 107 Kilogramm schwere und mit etlichen Tätowierungen geschmückte Modellathlet und Spaßvogel in Vechta ein. Das Outfit des Sonnyboys, das von einem mächtigen Irokesenkamm gekrönt wurde, irritierte so manchen Gegenspieler. Später kam zur Unterstützung von Buck am Brett und als Ersatz für

Jackson aus der finnischen Liga auch noch der US-Amerikaner Darryl Dora als Center ins Team, der mit seinen 2,06 Metern und über 110 kg Körpergewicht ebenfalls ein echter Brecher war.

So gelang es mir mit einigem Glück, am vorletzten Spieltag den Klassenerhalt mit einer Bilanz von 11 Siegen bei 19 Niederlagen auf dem 14. Platz zu sichern, nachdem ich gleich im ersten Spiel unter meiner Regie in Stahnsdorf nach etwa vier Spielminuten mitansehen musste, wie sich Jackson einen Achillessehnenriss zuzog. Das nun ohne Center spielende Team war geschockt. Außer dem unermüdlich Dreier schießenden Hallgrimson spielten alle weit unter Normalform und wir verloren mit etwa 40 Punkten. Solch eine Klatsche hatte ich nicht erwartet. Gerade aus Zypern mit einigen positiven und vor allem negativen Erfahrungen zurück und dann gleich so ein Einstieg! Mit Tränen in den Augen schlich ich mich in eine Ecke der Sporthalle. Der Präsident folgte mir dorthin. Ich stammelte: „Stefan, es tut mir leid! So ein beschissenes Spiel habe ich selten erlebt. Scheiße gespielt und obendrein noch die Verletzung von Marlon. Super Start hingelegt, Mann oh Mann!

„Warum sollte es dir leid tun? Alles gut. Hauptsache Marlon geht es gut. Der Junge hat so etwas nicht verdient. Das ist wichtiger als das Ergebnis."

„Ja, da hast du Recht!"

„Das Spiel solltest du schnell abhaken. Ich habe volles Vertrauen, dass du es mit dieser Mannschaft hinkriegst. Alles wird gut! Jetzt müssen wir sehen, was wir für Marlon tun können."

Wenig später hielt ich den Statistikbogen in der Hand und sah, wie schlecht wir dastanden. Als ich Niemeyer die Statistiken vorlas, sagte er mit einem dicken Lächeln im Gesicht: „Ja, der Hallgrimson kann werfen und hat auch den Mut dazu. Schlechter als heute wird er nicht mehr werfen. Und der Buck ist echt ein lustiger Vogel! Pass auf, ich fahre jetzt ins Krankenhaus und wir telefonieren anschließend, wie es mit Marlon weitergeht. Und wenn es ganz schlimm kommt, dann müssen wir uns nach einem Ersatz umschauen. Kommt ihr erst einmal gut nach Hause." „Alles klar, Stefan! Danke!"

Trotzdem fühlte ich mich sauschlecht, hatte ich doch bei meiner Anstellung mit einem 4-Jahres-Konzept, der Idee einer neuen Halle und einem detaillierten Nachwuchsprogramm groß aufgetrumpft.

Nach dem Gespräch wusste ich, dass ich es bei Niemeyer anscheinend mit einem sehr guten und speziellen Menschen zu tun hatte. Hatte er doch weder das schlechte Auftreten des Teams noch das Ergebnis negativ erwähnt. Im Gegenteil, er hatte gleich versucht mir alle Zweifel und Sorgen zu nehmen und so die lange Reise zurück nach Vechta für mich etwas einfacher gemacht. Trotz des schlechtesten Saisonspiels und des unterirdischen Auftritts seines Vereins war er in Gedanken beim verletzten Marlon.

Am Saisonende fragte Niemeyer mich, ob ich zu gleichen Konditionen verlängern wollte. „Ich möchte Konstanz hier bei RASTA und dafür benötige ich Mitstreiter, die an einem längerfristigen Engagement interessiert sind." Obwohl mir seine Einstellung grundsätzlich zusagte, fiel es mir nicht leicht, für so wenig Geld weiterzuarbeiten. Letztendlich überzeugte mich aber die Aussicht auf ein sicheres Einkommen. Für die Saison 2010/2011 durfte ich ein neues Team zusammenstellen. Als Neuzugänge kam Matt Reid aus Saarlouis, Andreas Kronhardt

(Tübingen), Marcus King-Stockton (USA), Ryan Darling (USA), Paul Heitzhausen (Bremen) und Daniel Krause (Quakenbrück); geblieben waren Chris Thompson, Axel Jarchow, Marvin Boadu und Jens Kolhoff.

Die Saison 2010/11 verlief weitaus erfolgreicher als die Vorsaison. Es besuchten bereits über 700 Zuschauer - zuvor waren es höchstens 300 bis 400 gewesen - im Durchschnitt unsere Heimspiele in der Halle-West, die damit endgültig an ihre Grenzen stieß. Am Ende der Hauptrunde sicherte sich RASTA Vechta mit 16:6 Siegen den dritten Platz in der Nordgruppe der ProB und qualifizierte sich somit für die Playoffs. In der ersten Best-of-Three-Serie konnten wir uns mit 2:1 gegen die Weißenhorn Youngstars durchsetzen. Endstation war dann der Aufsteiger BG Leitershofen/Stadtbergen. Sensationellerweise hatten wir das erste Spiel in Leitershofen in der Verlängerung für uns entschieden und dem Gegner damit die erste Heimniederlage in der laufenden Saison beigebracht. Beim Rückspiel in Vechta brach die Halle-West aus allen Nähten und Niemeyer freundete sich erstmals mit dem Gedanken an eine neue, größere Halle an. Bei der Vorstellung meines mittelfristigen Konzepts für Vechta hatte er diesen Gedanken noch für verrückt gehalten.

Der immer größer werdende Zuschauerzuspruch basierte unter anderem auf dem von mir initiierten Schulprojekt, das den ungewöhnlichen Namen RastA OK erhielt. Durch meine gute Freundin Regine Huckelmann bekam ich den ersten Kontakt zur AOK Niedersachsen, für die sie in Vechta arbeitete. Wir haben beide stundenlang über mögliche Konzepte gesprochen. Regines Sohn Luca und ihre Tochter Lara waren sportbegeisterte Kinder und sind im Laufe der Zeit gute Freunde meiner Kinder Eveline und Jonathan geworden. Regine stellte sich als sehr klug und wortgewandt heraus und erzählte mir vieles über die Menschen und den Ort Vechta. Über die Schul-AGs brachten wir den Basket-ballsport in immer mehr Schulen in und um Vechta. Am Ende waren es 15 Schulen.

Leider verloren wir dieses zweite und auch das dritte Spiel in Leitershofen knapp, sodass es 2011/12 noch einmal ProB Nord für uns hieß.

Für Vechtas dritte ProB-Saison wurde mir Tom Fischer als Co-Trainer an die Seite gestellt. Als Neuzugänge wurden AJ Rudowitz (USA), Flavio Stückemann (Bramsche), Benni Fumey (Bremen via Valparaiso University), Bill Goehrke (ein Deutsch-Amerikaner von Kirchheim), Marc Stertenbrink (ein 17-Jähriger aus Quakenbrück) und der Amerikaner Joe Wolfinger verpflichtet, der im Dezember von Marcus Smallwood ersetzt wurde. Stückemann brachte noch seinen alten Spezi Dirk Mädrich ins Spiel. Der 2,11 Meter große Center hatte bereits in der BBL sowie für etliche ausländische Clubs gespielt, aber nie den richtigen Durchbruch geschafft. So kam es, dass er vereinslos und mit deutlich fehlender Fitness bei uns zu Gast war und ich mit ihm sprechen konnte. „Wir werden in zwei Jahren in der BBL sein und dich werden wir auch richtig fit bekommen", waren meine mutigen Prognosen, die ihm allerdings erstmal nur ein Lächeln abrangen. Ich ergänzte noch: „Aber wir können dich nicht stattlich bezahlen!" Mit der Option, dass er bei einer Anfrage aus der BBL Vechta sofort wieder verlassen dürfe, sagte er schließlich mit etwas höheren Bezügen als der Rest des Teams doch noch zu. Nach holprigem Beginn steigerte er sich allmählich und wurde zu einer wichtigen Stütze meiner Mannschaft. Erfreulicherweise zeigte er keinerlei Starallüren, hielt sich eher zurück, bereitete keinen Ärger und erwies sich als topp Mann. Flavio Stückemann hielt das Team zusammen und war für die gute Teamchemie verantwortlich. Reid erfüllte die Rolle des Spielmachers voll und auch „Problemfall" Marvin Boadu, der nirgendwo so lange wie in Vechta gespielt hat, erwies sich als integrierbar. Die Jungs kannten sich und hatten auch beim Training viel Spaß miteinander.

Ein besonderer Fall war Marcus Smallwood, der an einem Dienstag kurz vor Weihnachten nach einer siebenstündigen Bahnfahrt bei uns in Vechta eintraf und gleich mit mir zu Vertragsverhandlungen zur Firma von Stefan Niemeyer nach Essen (Oldenburg) fuhr. Paul Howard hatte ihn mir am Telefon als speziellen, aber guten Typen empfohlen, der ein harter Arbeiter sei und unbedingt für mich spielen wollte. Nachdem wir uns gegen 20 Uhr über die Vertragsmodalitäten geeinigt hatten, wollte er zu meinem großen Erstaunen unbedingt noch in einen Kraftraum. Also brachte ich ihn dorthin. Gegen 22 Uhr rief er mich dann an, dass ich ihn abholen könne. Um 22.15 Uhr stand er mutterseelenallein im Dunkeln, während es draußen regnete, und wartete auf mich. Er erwies sich auch später als absoluter Vollblutprofi, der am liebsten täglich acht Stunden trainiert hätte, wobei der Kraftraum sein Lieblingsort war. Gleich in seinem ersten Spiel für Vechta, das gleichzeitig das letzte Spiel vor der Weihnachtspause war, überzeugte er voll und lieferte eine bombige, spektakuläre Vorstellung ab. Nach dem Spiel gingen die Jungs regelmäßig in die nur gut 100 Meter von unseren Wohnungen entfernte Disco „Wunderbar", die zusammen mit dem „Waldhof" nebenan Werner Grieshop gehörte, einem unserer Sponsoren. Ich muss an dieser Stelle einfügen, dass ich inzwischen die „Villa Linda" verlassen hatte und eine Wohnung in dem studentischen Wohnkomplex bezogen hatte, der unserem Präsidenten gehörte und in dem sich jeweils zwei Importspieler eine Wohnung teilten. Ich wohnte also mit einem Großteil meiner Jungs in ein und demselben Gebäude.

Gegen 3.30 Uhr verließen Reid, Boadu, Rudowitz und Smallwood, die alle fest liiert waren, die Disco und begaben sich gefolgt von zwei Mädchen nach Hause. Sie jammerten, dass sie zu betrunken seien, um sich zu Hause blicken zu lassen, wo ihre Mütter sie sicher schon erwarteten. Die eine war aus besten Vechtaer Verhältnissen, die andere arbeitete für die Familie der ersten. Beide wollten unbedingt bei meinen Spielern übernachten, die sich letztendlich auch überreden ließen. So schlief die eine auf einer Matratze im Flur und die andere bei Smallwood im Zimmer oder sogar im selben Bett, ohne dass es zum Sex gekommen sein soll.

Am Sonntagmorgen kurz vor 10 Uhr wurde ich durch einen lauten Knall und ein markerschütterndes Schreien geweckt. Ein paar Minuten später klingelte es an meiner Wohnungstür und als ich sie öffnete, stand Marcus blutüberströmt vor mir. Er zitterte am ganzen Körper und hatte mehrere stark blutende Kopfwunden. Tatsächlich hatte er vier Löcher im Kopf, die im Krankenhaus unter großen Schmerzen genäht wurden, wobei ich seine Hand halten durfte.

Später stellte sich heraus, dass der Bruder des einen Mädchens völlig überdreht auf der Suche nach seiner Schwester an der Wohnungstür von Smallwood und

Rudowitz am frühen Sonntagmorgen geklingelt und dem ihm die Tür öffnenden Smallwood wortlos sofort mit einem Hammer mehrmals auf den Kopf geschlagen hatte. Entweder war er einem übertriebenen Schutzinstinkt gefolgt oder er stand unter Drogen- bzw. Alkoholeinfluss. Seine Schwester hatte sich vorher übrigens längst aus der Wohnung geschlichen, sodass er ihr gar nicht mehr zur Hilfe kommen konnte.

Natürlich wurde der Vorfall der Polizei gemeldet, die auch die Wohnung durchsuchte und dabei sogar Spürhunde einsetzte. Marcus erstattete Anzeige und erhielt später ein lächerliches Schmerzensgeld, das keineswegs dem erlittenen Schaden entsprach. Ich durfte seine Mitspieler als Dolmetscher zu Zeugenaussagen zur Polizei begleiten. In der Vechtaer Öffentlichkeit machte dieser Vorfall erstaunlicherweise nur im kleinen Kreis die Runde.

Eine weitere Folge dieser Wahnsinnstat war, dass ich nach den Feiertagen mit Marcus alleine vor Ort war, da die anderen Jungs Vechta für die Weihnachtspause verlassen hatten. Er wollte selbstverständlich auch weg, flippte allmählich aus und ließ seinen Frust und Ärger schließlich an meiner Person aus. Wir stritten uns ohne Ende! So lernte ich ihn allerdings als Mensch kennen und schätzen, auch wenn sich das heute vielleicht etwas komisch anhört. Er war eigentlich immer ein Außenseiter im Team, der sich gerne – z.B. beim Dehnen – etwas absetzte und sein eigenes Ding durchzog. Trotzdem lieferte er bis zum Saisonende super Spiele ab und verhalf uns zu einem großartigen Saisonerfolg.

Alle Jungs waren in meinen Augen einfach super Typen, mit denen ich gerne zusammenarbeitete und die gemeinsam eine klasse Saison hinlegten, an deren Ende wir mit 17:7 Siegen erneut Dritter hinter den Hertener Löwen und dem UBC Hannover wurden, gegen die wir insgesamt fünfmal den Kürzeren gezogen hatten. In der ersten Playoff-Runde setzten wir uns relativ leicht mit 2:0 gegen die White Wings Hanau durch. Es folgten 2:1 Siege gegen die Giants Nördlingen und im Halbfinale trafen wir dann auf unseren Angstgegner aus Hannover. Für Hannover spielten unter anderen Richie Williams und der Kanadier Jakob Doerksen, zwei der besten Wettkämpfer, denen ich je begegnet bin (und die ich später ja sogar coachen durfte). Erwartungsgemäß verloren wir das erste Spiel in Hannover mit 74:65. Da wir das Rückspiel zu Hause in Vechta mit 82:78 für uns entscheiden konnten, kam es im dritten Spiel, das wieder in Hannover stattfand, zum großen Showdown. Vechta rief erstmals die „Alarmstufe Orange" aus, was bedeutete, dass Massen von Fans in Bussen mit nach Hannover reisten und in der gegnerischen Halle einen orangenen Wall bildeten. Leider erkrankte ich kurz vor dem Entscheidungsspiel. Eine verschleppte Bronchitis, die mich voller Erschöpfung eines Nachts bei dem Versuch auf die Toilette zu gehen in Ohnmacht fallen ließ, brachte mich sogar ins Krankenhaus. Dafür sorgte unser Vereinsarzt, den meine Freundin, die ich nachts mit meinem Notruf erreichen konnte, eilends herbeigerufen hatte. Ich hatte die Tage zuvor einfach zu viel gearbeitet und zu wenig geschlafen. Bis tief in die Nacht betrieb ich mein Videostudium und schonte mich auch tagsüber nicht genug. Mein Assistent Tom Fischer musste das Coaching übernehmen. Am Spieltag kam Stefan Niemeyer zu mir ans Krankenbett und versuchte mich zu trösten. „Alles wird gut! Hauptsache, du wirst gesund!" Natürlich war das eine echt empathische Aktion, die mich jedoch kaum trösten konnte. Mir blieb letztlich nichts anderes übrig, als vom Krankenbett aus das Spielgeschehen am Liveticker zu verfolgen. Es war eine der seltenen Situationen, in der ein Team für seinen Trainer spielt. Bis zur Crunchtime gaben sie wirklich alles für mich! Das werde ich ihnen nie vergessen. Sie lagen das ganze Spiel über hinten und bei Anbruch der letzten Minuten immer noch mit sieben oder acht Punkten im Rückstand. Wenige Sekunden vor Spielende brachte Doerksen Hannover mit 57:54 in Front. Der Sieg schien ihnen sicher, doch im Anschluss passte Boadu aus der Ecke auf Rudowitz, der mit der Schlusssirene mit einem Dreier den umjubelten Ausgleich erzielte. Der UBC erholte sich von diesem Schock nicht mehr und verlor die anschließende Verlängerung mit 3:12. Der SC RASTA Vechta hatte mit 69:60 Punkten die Oberhand behalten und das Unglaubliche wahr gemacht: den Aufstieg in die ProA! Die Euphorie bei den Fans war grenzenlos! Ich konnte meine Emotionen nicht mehr kontrollieren und saß überglücklich im Krankenhaus, aus dem mich die Fans zur endlosen Siegesfeier sogar abholen wollten. Die Jungs teilten mir fast geschlossen per Handy mit, dass sie diesen Sieg mir widmeten. Etwa folgender Wortlaut wiederholte sich ein ums andere Mal: „Coach, das haben wir für dich geschafft!" Am nächsten Tag durfte ich dann das Krankenhaus glücklicherweise schon verlassen.

Dass wir das unbedeutende Finale um die Meisterschaft der ProB gegen die Gotha Rockets verloren, hatte keinerlei Bedeutung mehr für uns. Überhaupt verliefen die beiden von uns verlorenen Finalspiele in einer sehr freundschaftlichen Atmosphäre, da die Fans von Gotha und Vechta eine echte Fanfreundschaft verband. Dirk Kollmar, der leider viel zu früh verstorbene Präsident der Gotha Rockets und Chef der Oettinger Brauerei, war extra mit nach Vechta gekommen, um gemeinsam mit uns den Aufstieg beider Teams zu feiern.

Alle fieberten Vechtas erster Saison in der ProA entgegen. Wie würde es weitergehen? Könnten wir uns überhaupt als Zweitligist behaupten?

Gleich nach Saisonschluss bat mich Marcus, ihn zu Vertragsverhandlungen mit dem Vorstand zu begleiten. Er wollte für 2012/2013 einen neuen, besseren Vertrag aushandeln. Ich erfüllte ihm den Wunsch, da er sich für mein Team als wertvoller Mann erwiesen hatte, und fuhr mit ihm zur Firma von Stefan Niemeyer. Mitten im

Gespräch zog er plötzlich aus einer schwarzen Plastiktüte, die er bei sich trug, einen Hammer. Das völlig falsche Signal! Obwohl er damit nur versinnbildlichen wollte, dass er für den Verein selbst seine Gesundheit oder sogar sein Leben aufs Spiel gesetzt hatte, schockierte er alle Anwesenden - mich eingeschlossen – und beendete auf diese Weise das Gespräch und somit auch seine Zusammenarbeit mit RASTA. Selbstverständlich war er anschließend sauer, hatte er doch die Reaktion auf seine Aktion völlig falsch eingeschätzt.

In der Sommerpause reiste ich mit meinen Kindern und Beate in die Staaten zu meiner Mutter, die erst kürzlich einen Schlaganfall erlitten hatte. Ich wollte sie vielleicht noch ein letztes Mal sehen und Beate war trotz unserer Trennung auch dabei, da sie stets eine gute Beziehung zu meiner Mutter gehabt hatte. Wir verlebten gemeinsam einen sehr schönen Sommer in Missouri und meiner Mutter ging es bald wieder besser, sodass wir uns keine Sorgen mehr um ihr Leben machen mussten.

Zurück in Deutschland begann die Saisonvorbereitung mit Personalplanungen und -entscheidungen. Neben

Smallwood mussten auch Reid, Boadu und Goerke Vechta verlassen. Entweder fehlte es ihnen an Professionalität oder ich wollte ihre Positionen mit stärkeren Spielern besetzen. Während die deutschen Spieler fast alle blieben, verpflichteten wir auf den Ausländerpositionen Richie Williams und Jacob Doerksen vom UBC Hannover sowie Jereal Scott und Corey Hassan. Scott kam direkt vom College zu uns. Er erschien oft unpünktlich und lustlos zum Training, sodass ich ihn immer öfter ermahnen musste. Wir gerieten bald in eine mündliche Auseinandersetzung, in deren Verlauf er mir widersprach und mich dabei auch noch unanständig beschimpfte. Das ließ das Fass endgültig überlaufen. „Du packst deinen Scheiß und gehst nach Hause!" „No!", rief er heulend. Ich ließ mich jedoch nicht mehr erweichen und holte als Ersatz für ihn Robert Ferguson ins Team.

Beim Training bekam ich sehr wertvolle Unterstützung durch Josef Nieberding, einem Gründungsmitglied des SC RASTA. Er sollte mir als Athletiktrainer zur Seite stehen. Selbst noch fit wie ein Turnschuh, unter anderem absolvierte er einige Marathonläufe, machte er auch meine Jungs extrem fit für die neue Aufgabe. Er erwies sich als ein extrem hilfreicher Mann fürs Team, das super gut zusammenarbeitete. Alles hat gepasst. Es war einfach DIE Mannschaft!

Mit einem neuen Rekordetat von etwa 400.000 € und der nun fertiggestellten neuen Halle mit einer Zuschauerkapazität von zunächst 2000 starteten wir ins Abenteuer 2. Liga. Das erste Spiel im neuen Rasta Dome fand natürlich vor ausverkauftem Haus gegen die BG Karlsruhe statt. Leider verloren wir den Saisonauftakt.

Nicht viel besser ging es weiter. Mein Team verlor prompt die ersten drei Spiele gegen die Topmannschaften aus Karlsruhe, Düsseldorf und Göttingen. Gegen Düsseldorf und Karlsruhe nur knapp, in Göttingen jedoch deutlich. Sofort kamen die Kritiker aus ihren Löchern. „Die Liga ist viel zu stark für uns!", „Wir hätten in der ProB bleiben sollen! oder „Dirk Mädrichs Karriere ist vorbei!" hieß es. Sie verstummten, als wir das nächste Auswärtsspiel beim Nürnberger BC gewannen, dem 10 weitere Siege folgten. Wir verloren zwar noch ein weiteres Spitzenspiel gegen Science City Jena zu Hause unglücklich mit einem Punkt. Aber bei dieser Niederlage nahm ich wenige Sekunden vor Spielende eine Auszeit, in der ich meinen Jungs spontan aus der Erinnerung heraus das von ihnen umzusetzende Spielsystem aufs Brett zeichnete. Nach Wiederbeginn folgten sie auch genau meinen Anweisungen. Flavio legte in der letzten Sekunde für Rudowitz einen Alley oop auf, den dieser leider verlegte. Auf diese unglückliche Niederlage folgten weitere sieben Siege und am Ende der Saison gingen wir mit 23:7 Siegen sensationellerweise als Tabellenführer in die Playoffs. Das Märchen ging weiter!

Im Februar hatte ich die Schirmherrschaft über die Kinderherzhilfe Vechta e.V. übernommen und damit auch an meiner neuen Wirkungsstätte ein unterstützenswertes soziales Projekt gefunden.

Die Playoffs wurden nach dem Best-Of-Five-Modus ausgetragen. Gegner der ersten Serie war der Achtplatzierte Ehingen. Mit drei aufeinanderfolgenden Siegen beendeten wir die Serie in der kürzest möglichen Zeit. Im Halbfinale wartete wieder die BG Karlsruhe auf uns. Es war wie verhext. Beide Mannschaften verloren ihre ersten beiden Heimspiele. Es stand 2:2. Das fünfte und entscheidende „Schicksalsspiel" fand am 28.4.2013 bei uns in Vechta statt. Es war das absolute Topspiel. Für mich als Trainer lief in diesem Match alles optimal. Die Jungs setzten alle taktischen Anweisungen perfekt um. Sie befolgten meine Marschroute meisterhaft. Corey Hassan traf im Spiel seines Lebens fast alles und am Ende hieß es 86:74 für den SC RASTA Vechta. Zum ersten Mal in meinem Leben hatte ich das Gefühl, dass die These meines alten philosophischen Lehrmeisters Aristoteles (384 – 322 v. Chr.) auf eine Sportmannschaft zutrifft. „Das Ganze ist mehr als die Summe seiner Teile." Wir waren über uns hinausgewachsen! Die Addition der Leistungsfähigkeit der einzelnen Spieler hätte niemals zu solch einem Resultat führen können. Niemand hatte uns vor der Saison so etwas auch nur annähernd zugetraut. Wir waren als Nobody gestartet und als Aufsteiger gelandet. Von der Papierform her hätten wir niemals die Saison als Tabellenführer abschließen dürfen, geschweige denn in die BBL aufsteigen können. Und das hatten wir nach einer „Traumsaison" jetzt tatsächlich geschafft. Ein erstes Meisterschaftsbanner konnte in der nagelneuen Halle aufgehängt werden!

Nach dem fünften Spiel gegen Karlsruhe gab es einen Umzug vom Rasta Dome zum Rathaus, wo wir uns in das Buch der Stadt Vechta eintragen durften. Beim Umzug waren 5000 bis 10000 Fans auf den Straßen und vorm Rathaus versammelt. Eine großartiges Gefühl und das Beste für jeden Athleten. Hiermit und an dieser Stelle möchte ich allen Fans und Einwohnern Vechtas im Nachhinein für diese unvergesslichen Momente danken.

Die beiden für den Aufstieg unbedeutenden Finalspiele gegen die Düsseldorf Baskets wurden zu allem Überfluss auch noch mit jeweils 84:78 gewonnen. Wir waren nicht nur Aufsteiger, sondern auch noch ProA-Meister geworden. Zum Auswärtsspiel nach Düsseldorf begleiteten uns übrigens Fans in 16 Bussen! So ganz nebenbei hatten wir unseren Zuschauerschnitt in der neuen Spielstätte auf 1946 gesteigert.

I love this game! Ich liebe dieses Spiel!

Die deutsche Basketballcommunity würdigte unsere außergewöhnlichen Leistungen mit der Wahl von Richie Williams zum Spieler des Jahres in der ProA und bei den Trainern gewann ich diese Wahl! Es war der bislang größte Erfolg in meiner Trainerkarriere! Mein mutiger Plan, den ich dem Präsidium im November 2009 vorgestellt hatte, war noch übertroffen worden.

In Vechta gab es Party ohne Ende. Ich genoss die aufgedrehte Atmosphäre im Rasta Dome in vollen Zügen. Selbst der sonst eher coole Stefan Niemeyer hielt mich nach dem Aufstieg und in Gedanken an den unglaublichen Verlauf dieser Saison in seinen Armen und fiel mir unter Tränen um den Hals. „Pat, das war eine bombige Leistung von dir und dem Team! Ich bin so glücklich und stolz auf euch! Danke, Danke, Danke!"

„Hey, Stefan ! Ich danke dir, dass du mir so viel Vertrauen entgegengebracht hast. Wir haben es geschafft!"

„Ja, das haben wir!"

Zusätzlich versprach er mir: „Du wirst für immer in Vechta bleiben können!"

Nach dem Saisonfinale erwies sich Niemeyer einmal als wahrhaft großzügig, als er quasi als Aufstiegsgeschenk das gesamte Team mit Frauen oder Freundinnen sowie den Vorstand mit Anhang per Flieger nach Barcelona beförderte und dort in der Nähe seiner spanischen Firma richtig nobel einquartierte, bewirtete und unterhielt. Ich durfte mit meiner damaligen Freundin, die einen Gutschein für Spanien besaß, bereits vorausfliegen. Dabei überwältigten mich ein zweites Mal - diesmal wahrscheinlich wetterbedingt - Kreislaufprobleme. Als ich in Barcelona die klimatisierte Flughafenhalle verließ, stürzte ich wie vom Schlag getroffen ohnmächtig auf den Boden.

Die gemeinsame Woche bei Barcelona war allerdings richtig toll und ich war Stefan Niemeyer dankbar für seine unerwartete Großzügigkeit. Er verwöhnte uns reichlich. So waren wir zweimal exquisit auswärts original spanisch essen. Zum Abschluss der Woche hatte er sogar einen Golfclub, bei dem er als passionierter Golfspieler Mitglied war, für uns reservieren lassen und wir bekamen dort ein unbeschreiblich köstliches und üppiges Sieben-Gänge-Menü aufgetischt. In unserer freien Zeit verbrachten wir Stunden am Strand, wo wir uns zum Beispiel mit Fußball spielen im Sand beschäftigten. Völlig passiv können Sportler eben doch nicht sein.

Zu Hause ging es mit aller Macht an die Vorbereitung von Vechtas erster BBL-Saison. Insgeheim hatte ich daran gedacht, das erfolgreiche Team im Großen und Ganzen zusammenzuhalten und höchstens mit ein oder zwei Spielern zu verstärken. In der Konferenz von Trainern und Vorstand einigten wir uns aber schließlich doch auf größere personelle Änderungen. Fumey, Ferguson, Heitzhausen und Hassan erhielten keine neuen Verträge mehr. Gerade um Corey Hassan tat es mir sehr leid. Ich hätte ihn sehr gerne in meiner Mannschaft behalten. Er wollte lediglich besser bezahlt werden. Da bislang die Importspieler alle gleich bezahlt wurden, war Niemeyer auch in Zukunft nicht bereit, bei ihm eine Ausnahme zu machen. Neu verpflichtet wurden die Amerikaner Dylan Talley, der direkt vom College kam, für den Spielaufbau, der 2,08 Meter große und 134 kg schwere Isaac Butts als Center sowie Faisel Aden als Shooting Guard. Aden war ein hervorragender Offensivspieler und Go-To-Guy. Leider stellte es sich im Laufe der Vorbereitung heraus, dass er ein Einzelgänger und nicht teamfähig war. Als Moslem sagte er mir, dass er fünfmal am Tag beten müsse und ich es ihm ermöglichen solle. Ich hatte kein Problem damit, bis er mitten in einem Freundschaftsspiel in Spanien die Bank verlassen hat um zu beten. Zurück in Deutschland ging es weiter mit der Ausrede, dass er hätte beten müssen, wenn er unpünktlich war. Öfter musste das komplette Team 15 bis 30 Minuten auf ihn warten, da er meinte, erst beten zu müssen. Gegen seine Religion hatte ich definitiv nichts, aber irgendwann wurde es mir zu viel. Kurz vor Saisonbeginn tauschte ich ihn gegen Markus Neal aus. Dazu gesellten sich der Deutsch-Amerikaner Urule Igbavboa und die Deutschen Max Weber und Oliver Mackeldanz. Immerhin konnte ich in etwa die Hälfte des Teams behalten. Da der RASTA Dome Erstligaansprüchen noch nicht genügte und von 2000 auf über 3000 Plätze aufgestockt werden musste, waren wir gezwungen unsere ersten drei Spiele auswärts zu bestreiten.

Die folgende turbulente Saison begann ganz vielversprechend mit einem unerwarteten Auswärtssieg bei TBB Trier. Etwa zwei Minuten vor Schluss lagen wir noch mit sieben Punkten zurück, am Ende siegten wir mit 87:84. Anschließend verloren wir jedoch die nächsten beiden Auswärtsspiele. Das erste Heimspiel im sofort völlig ausverkauften neuen RASTA Dome war ein Lokalderby gegen die Artland Dragons aus Quakenbrück. Es wurde für uns nach meiner nachträglichen Beurteilung zu einem echten Schicksalsspiel. Es ging ständig hin und her. Die Zuschauer waren vom extrem spannenden Spielverlauf gefesselt und gerieten immer mehr in Ekstase. In der letzten Sekunde verloren wir mit 101:102. Es war zum Verrücktwerden! Leider blieben uns Misserfolg und Pech treu. So verloren wir in der Folge weitere acht Begegnungen in den letzten zwei Minuten, vier davon mit einem Buzzer Beater in letzter Sekunde. Ich war sehr, sehr enttäuscht und haderte, dass ich nicht an meinem ursprünglichen Plan, das alte Team zusammenzuhalten, festhalten konnte. Im Team rumorte es bereits und es gab einige unglückliche Ereignisse. So war z.B. Dylan Talley aus der Wohnung gegangen, ohne sein auf dem Sofa abgelegtes Bügeleisen auszuschalten. Mitten in eine Veranstaltung platzte die Nachricht herein, dass es in Dylans Wohnung brenne.

Auch privat musste ich einiges verkraften. Ich machte mir Sorgen um meine gesundheitlich angeschlagene

Mutter, die einen zweiten Schlaganfall erlitten hatte. Wieder erfassten mich unerklärliche Herzprobleme und ich fiel zweimal in Ohnmacht. Der Vechtaer Kardiologe Dr. Achim Gutersohn schickte mich zu eingehenden Untersuchungen nach Hamburg, die Gott sei Dank keine negativen Ergebnisse erbrachten. Mein Herz war okay! Zum Glück blieb es bis heute bei dieser einmaligen Episode.

Da der verheiratete Neal sich in einer Disco daneben benommen hatte, schickten wir ihn nach Hause und holten für ihn Steven Esterkamp, der noch in der Vorsaison Kapitän des starken Ulmer Teams gewesen war. Er hatte enorme Gehaltsvorstellungen, sodass wir ihm erst einmal einen Einmonatsvertrag gaben. Menschlich ist Steven ein super Junge und sportlich dachte ich, dass er genau das wäre, was wir bräuchten. Er war erfahren, konnte super werfen, war Kapitän in einem erfolgreichen Ulmer Team gewesen und war frei. Leider konnte er die in ihn gesetzten hohen Erwartungen nicht erfüllen. Entweder hatte er eine zu lange Pause gehabt oder er war am Ende seiner Profikarriere angelangt. Für weniger Geld hätte ich ihn wahrscheinlich weiter verpflichtet, aber wir wollten und konnten ihn mit gutem Gewissen für die von ihm gebotenen Leistungen nicht weiter so gut honorieren. Dementsprechend beendete Esterkamp nach dieser Saison auch seine aktive Karriere.

Im wichtigen Spiel gegen den Mitteldeutschen BC führten wir etwa fünf Sekunden vor Spielende mit drei Punkten, als einem Gegenspieler ein Dreier aus achteinhalb Metern Korbentfernung gelang. Es ging in die Verlängerung, die wir natürlich verloren. Das Pech blieb uns weiter treu. Wir hatten mit Esterkamp nicht verlängert und wurden zudem auch noch vom Verletzungspech eingeholt, sodass das Team nicht mehr homogen war, da es immer wieder Spielerwechsel gab. So machte der für Esterkamp verpflichtete Rashad Bishop zwar mit 28 Punkten ein super Spiel gegen das Topteam Alba Berlin, verletzte sich aber darauf mehrmals an den Bändern, sodass zum Wechselbad der Gefühle noch eine negative Eigendynamik hinzukam.

Für Rudowitz, der im Laufe der Saison immer wieder Verletzungsprobleme hatte und nicht mehr schmerzfrei spielen konnte, kam Brandon Bowman, der in der

Georgetown University hervorragend ausgebildet worden war und vor einigen Jahren unter Mike Koch in Bonn gespielt hatte. Zu uns kam er direkt aus Dubai, wo die Saison bereits beendet war und er extrem viel verdient hatte. Er war ein topp Athlet mit super Statistiken und gut für uns. Schließlich verletzte sich auch noch Richie Williams so schwer, dass wir für ihn Will Conroy nachnominierten, der für die Houston Rockets sogar in der NBA gespielt hatte. Er erwies sich jedoch eher als Störfaktor und konnte uns nicht entscheidend im Abstiegskampf helfen. Einzig und allein auf unsere Fans war Verlass. Sämtliche Heimspiele waren ausverkauft und unser Zuschauerschnitt von 3140 entsprach exakt der Kapazität des Domes! Wenn man bedenkt, dass in meiner ersten Saison in Vechta durchschnittlich nur 445 Zuschauer die Halle-West bevölkerten! Nach jedem Heimspiel wurde bis weit in die Nacht im Dome Party gemacht. Oft kamen erst nach dem Ende des Spiels noch Dutzende in die Halle, um abzufeiern. 1000 waren zum Auswärtsspiel nach Berlin und 400 nach München gereist. Wir hatten die geilste Fangemeinde der gesamten Liga! Trotz unserer Niederlagenserien riefen sie immer wieder die „Alarmstufe Orange" aus und gaben deutschlandweit ihr Bestes.

Vor der Saison hatte Präsident Niemeyer zwar davon gesprochen, dass er uns keinen Druck machen wolle und die BBL als Abenteuer ansähe, das wir mitnehmen sollten. Ein Abstieg wäre halb so schlimm. Ich selbst ging eigentlich auch relativ locker in dieses Abenteuer und traute meinem Team den Klassenerhalt durchaus zu, ja, war sogar davon überzeugt, die Liga halten zu können. Bei der entstandenen Unruhe sowie der schleichenden negativen Entwicklung ärgerte ich mich immer mehr, dass ich das ProA-Team nicht zusammengehalten hatte. Da Tom Fischer berufsbedingt nicht mehr regelmäßig am Training teilnehmen und nur bei den Spielen anwesend sein konnte, hatte ich auf einmal keinen zuverlässigen Assistenten mehr an meiner Seite. Der Teamplayer war auf einmal alleine! Ganz gelegen kam uns da die Anfrage des 166-fachen Nationalspielers und Deutschen Meisters und Pokalsiegers mit Alba Berlin, Stephen Arigbabu, der auf dem Weg zur Trainerlaufbahn bei uns zwei Wochen hospitieren wollte. Unser Vizepräsident Werner Themann hatte schließlich die Idee, dass Stephen als neuer Co-Trainer vorerst in Vechta bleiben solle. Der gesamte Vorstand hielt ihn für eine topp Verpflichtung und war sicher, dass er gut zu uns passte. Offiziell wurde er schließlich als Praktikant geführt, wahrscheinlich war das die kostengünstigere Variante für RASTA.

Am Saisonende standen 6 Siegen 28 Niederlagen gegenüber und wir fanden uns auf dem letzten Platz der Bundesligatabelle wieder, der gleichbedeutend mit dem Abstieg war, der bereits zwei Spieltage vor dem Ende der regulären Saison nach einer Heimniederlage gegen die Frankfurt Skyliners feststand. So hatte das große Abenteuer nur knapp ein Jahr gedauert.

Nach der Saison übernahm ich sehr traurig die volle Verantwortung für die Misere. Ich schrieb einen Brief an Herrn Niemeyer, in dem ich meinen Rücktritt als Headcoach anbot und um eine Weiterbeschäftigung als Sportdirektor bat, hatte ich doch in der Vergangenheit solche Ideen wie den Bau des Domes und einer neuen, vereinseigenen Trainingshalle geäußert, ganz zu schweigen von der Einführung des Individualtrainings und der gesamten erfolgreichen Aufbauarbeit. Der Vorstand war jedoch der Meinung, auf einen

Sportdirektor verzichten zu können, und bot mir stattdessen den Posten eines Jugendkoordinators und Trainers der zweiten Herrenmannschaft an. Obwohl Jugendkoordinator nicht gerade meine Traumrolle war, nahm ich in der irrigen Annahme ich könnte in Vechta alt werden diese Position schließlich doch an.

Als ich vom Vorstand gefragt wurde, ob ich Arigbabu den Posten als Cheftrainer zutraue, sagte ich mit leichten Bauchschmerzen zu. Daraufhin bekam er sofort den Job. Stephen hatte zwar noch nie auf ProA-Niveau als Chefcoach gearbeitet, aber ich sah nach der kurzen Zeit bei uns keinen Grund, ihm diese Fähigkeit abzusprechen. Später hieß es dann, ich wäre schuld an den Problemen, weil ich für Stephen votiert hätte. Das war natürlich Unsinn, denn als Sportdirektor hätte ich mir zumindest mehrere Kandidaten angesehen.

Die Saison 2014/15 unter Stephen Arigbabu mit dem gleichen Etat wie 2013/14 sollte nach den Worten von Präsident Niemeyer eine Übergangssaison werden. „Alles easy, wir müssen nicht aufsteigen", waren seine Worte, um dann nachzulegen: „Aber spätestens in drei Jahren sollten wir wieder in der BBL sein!" Ich war einerseits froh, dass Stephen die Verantwortung trug und ich mich wie vom Vorstand gewünscht mehr im Hintergrund halten konnte, da ich ja kein Sportdirektor sei, was immer wieder betont wurde. Vizepräsident Themann meinte wörtlich: „Dein Schatten ist zu groß! Stephen soll die Möglichkeiten bekommen, sein eigenes Team zusammenzustellen ohne externe Einflüsse." Folglich hatte ich mit den 1. Herren eigentlich nichts mehr zu tun. Der neue Kader wurde von Arigbabu in Eigenverantwortung zusammengestellt und wenn er mich um Rat fragte, habe ich selbstverständlich stets ehrlich meine Meinung gesagt. Insgesamt hegte ich Bedenken wegen der Qualität des Teams, das mir unter anderem zu klein aufgestellt erschien. So wunderte ich mich auch nicht, dass sie in den Vorbereitungsspielen nur wenig überzeugen konnten und viele Begegnungen verloren gingen. Genauso schlecht starteten sie auch in die Saison. Es gab deutlich mehr Niederlagen als erwartet und es kam wie es kommen musste. Stefan Niemeyer fragte mich eines Tages: „Pat, kannst du die Mannschaft wieder übernehmen? Wir können dieses Niveau unseren Fans nicht weiter anbieten. Wir müssen wenigstens die Playoffs erreichen." Da Arigbabu bereits drei neue Spieler verpflichtet hatte, war es nicht möglich bzw. nötig neue Spieler zu verpflichten. Trotzdem nahm ich die Aufgabe an. Im ersten Spiel unter meiner Regie gegen Ehingen ging es leider so weiter wie bisher. Wir kamen zu Hause böse unter die Räder und verloren deutlich. Die nächste Begegnung fand in Baunach statt.

Da wir einen weiten Weg hatten, waren wir bereits am Freitag angereist und konnten am Abend noch ein Abschlusstraining vor Ort durchführen. Nach Beendigung des offiziellen Trainings, als sich die Jungs noch ausliefen und dehnten, fingen mein Co-Trainer Markus Röwenstrunk und ich an, das aus den Staaten stammende Spiel „HORSE" zu spielen. Wer zuerst fünfmal einen Wurfversuch verloren hatte, war auch der Verlierer des gesamten Spiels. Ich legte unter dem Interesse meiner Jungs mit einem Dreier vor, den Markus nicht kontern konnte. Die zweite Runde ging ebenfalls mit einem Dreier an mich. Markus hatte nun schon die Buchstaben H und O auf seinem Konto und musste sich etwas einfallen lassen. Er entschied sich für ein Dunking, was ihm auch gelang. Diesmal musste er vorlegen. Ich war unter der Beobachtung und dem gestiegenen Interesse des Teams sicher, kontern zu können. Ich lief an, hob mit meinem rechten Bein zum Korb ab und es gab einen entsetzlichen Knall. Sekunden später lag ich mit schmerzverzerrtem Gesicht auf dem Hallenboden und griff mir spontan ans Bein. Eigentlich war der Schock in diesem Augenblick größer als der Schmerz und mein erster Gedanke ging an das morgige Spiel. Ich hörte, wie mehrmals gerufen wurde „Guck nicht hin!". Mein Knie war total verdreht und stand in einem unmöglichen Winkel ab. Ich wurde ins nächstgelegene Krankenhaus transportiert, wo die Ärzte einen Riss der Quadrizepssehne diagnostizierten. Eine OP war unausweichlich. Ich wollte nicht wahrhaben, dass ich außer Gefecht war. Zuerst hieß es nämlich: „Das Spiel morgen können Sie vergessen!" Ich wollte aber unter allen Umständen dabei sein und auch erst zu Hause in Hamburg operiert werden. Also bekam ich schließlich eine Schiene ans rechte Bein, nachdem ich unterschrieben hatte, dass alles auf meine eigene Verantwortung hin geschah. Während des Spiels musste ich sitzen, was ich sonst sehr selten tat. Leider dankten mir die Jungs meinen extremen Einsatz nicht. Sie legten eine unterirdische Wurfquote hin und verloren sang-

und klanglos. Eine echte Tortur war die achtstündige Rückfahrt mit dem geschienten Bein im Bus Richtung Norddeutschland! Am Montag brachte mich Beate zur OP in eine Hamburger Klinik. Am Dienstag wurde ich operiert und am Samstag wollte ich bereits wieder das Spiel gegen die Bayer Giants Leverkusen coachen. Ich sah das gesamte Projekt RASTA doch immer noch als mein Baby an, für das ich zumindest eine starke Mitverantwortung fühlte. Dazu sollte es jedoch nicht kommen. Am Mittwoch wurde ich während des Vormittags von einem Krankenpfleger aus meinem Zimmer abgeholt und mit dem Fahrstuhl eine Etage tiefer zum Gipsraum gebracht, in der Hoffnung, mit einem fest eingegipsten Bein auf eigene Verantwortung gegen Leverkusen dabei sein zu können. Schon unterwegs bemerkte der Pfleger, dass das Bett irgendwie nicht richtig rollte. Im Gipsraum angekommen, musste ich mich auf die Bettkante setzen. Eine kleine Krankenschwester fing an den Gips zu machen, als das Bett plötzlich unter mir zusammenbrach. Ich schrie vor entsetzlichen Schmerzen laut auf und die Kleine rief aus Leibeskräften „Hilfe, Hilfe!" Fünf, sechs Mann vom Krankenhauspersonal eilten herbei.

Irgendjemand spritzte mir, der ich vor Schmerzen zitterte, ein Morphiat und der ebenfalls herbeigeeilte Chefarzt stammelte fassungslos: „Das tut mir leid. Das ist hier noch nie passiert!" Das bald darauf gemachte MRT zeigte zwar, dass die reparierte Sehne gehalten hatte, aber das Leverkusenspiel war endgültig passé. Unter Markus Röwenstrunk als Headcoach verloren wir leider erneut. Von den 11 Spielen unter unserer Regie wurden nur drei gewonnen. Am Saisonende fand sich RASTA Vechta mit einer Bilanz von 12:18 auf dem 10. Tabellenplatz wieder. Die Playoffs waren zwar nur knapp verpasst worden, aber ich ahnte Böses, obwohl ich immer noch die Hoffnung hegte, mindestens noch ein weiteres Jahr die Chance auf den Wiederaufstieg zu erhalten. Als ich mich bei Niemeyer nach meiner Situation erkundigte, sagte er nur: „Nach meinem Urlaub gebe ich dir Bescheid!"

Kaum war er zurück, traf ich mich wie gewöhnlich am Dienstagmorgen mit dem Vechtaer Vereinsvorstand zur Bestandsaufnahme. Kurz und bündig teilte Niemeyer mir mit, dass ich entlassen sei. „Ich will nicht lange um den heißen Brei herumreden. Wir werden deinen Vertrag nicht verlängern. Glaub mir, es war die schwierigste Entscheidung in meiner gesamten Vorstandszeit, aber der Verein benötigt dringend neue Impulse von außen." Als mich unser Sportwart Martin Ahlrichs dann noch fragte: „Wie fühlst du dich?", dachte ich „Was ist das für eine blöde Frage!" und verließ völlig konsterniert sowie sehr, sehr enttäuscht und wortlos die Sitzung, um mich zu Hause erst einmal zu sammeln und das Gehörte zu verarbeiten. Später entschuldigte ich mich telefonisch bei Niemeyer für meinen plötzlichen Abgang. „Es tut mir leid, ich war einfach zu geschockt." Er zeigte überraschend Verständnis. „Ich weiß, dass du geschockt warst. Komm heute Abend zu mir und wir trinken gemeinsam eine sehr gute Flasche Wein. Den Job des Jugendkoordinators wolltest du sowieso nicht haben." Der ebenfalls anwesende Vize-Präsident Werner Themann bemerkte im Verlaufe des Gesprächs: „Pat, du warst in letzter Zeit sowieso nicht voll bei der Sache, wenn man nur gesehen hat, in welchem Aufzug du die Zweite gecoacht hast. Und das, was du im Jugendbereich geleistet hast, war auch nicht gerade überzeugend." „Du weißt, es war viel Glück im Spiel, dass wir zweimal hintereinander aufgestiegen sind", fügte Niemeyer noch hinzu.

Ich bin mir zwar ziemlich sicher, dass ich es wieder so machen würde, aber nur, wenn ich nicht das böse Ende vorhergesehen hätte.

Der Weser Kurier bilanzierte unter der Überschrift „Das Ende eines Basketball-Märchens":

„Als Elzie 2009 nach Vechta in die niedersächsische Basketball-Provinz kam, übernahm er die sportliche Leitung eines maximal durchschnittlichen Regionalligisten. Nicht mal das Präsidium habe zu diesem Zeitpunkt daran geglaubt, dass aus Rasta jemals ein ambitionierter Profi-Verein werden könnte, sagt Elzie. Die ProB sei in allen Belangen das absolute Limit für den kleinen Verein, hätte man ihm erklärt. Elzie sah das anders. Er legte der Vereinsführung einen Drei-Jahres-Plan vor – und erfüllte ihn. Rasta wurde zu seinem Projekt – und Elzie zu mehr als einem gewöhnlichen Trainer. Er wurde zum Visionär und Macher einer der unerwartetsten und rasantesten Entwicklungen im deutschen Basketball-Geschäft der

vergangenen Jahre...Plötzlich war Basketball in Vechta Profisport, die Kleinstadt euphorisiert...Ihre Spielstätte, der RASTA Dome, wurde zum Epizentrum des Lebensgefühls einer ganzen Stadt...Und er, der Trainer, wurde zum Star des Teams und Held der Kleinstadt. Mit minutenlangen Sprechchören huldigten die Fans ihrem Trainer auf dem Festumzug nach dem BBL-Aufstieg...Es war nicht nur die märchenhafte Geschichte eines Vereins, sondern auch die ihres Trainers..., der in Vechta nach unzähligen Stationen im In-und Ausland angekommen schien. Der nach vielen Rückschlägen, schwierigen Phasen und finanziell bankrotten Klubs seinen Verein gefunden zu haben schien." (Weser Kurier 15.4.2015)

Einen versöhnlichen Abschied schenkte mir Vechtas Bürgermeister. Unter vier Augen bedankte er sich bei mir für alles, was ich für den Leistungssport in Vechta getan hatte, und gab mir einige schöne Präsente mit auf den Weg.

Das Märchen war endgültig Geschichte und ich habe es in vollen Zügen genossen. Mir bleibt die tolle Zeit mit fantastischen Spielern, super Fans und Freunden. Nach einigem Abstand bin ich wieder voller Tatendrang, ein neues Märchen zu schreiben. Ich bin froh und stolz, dass ich im Laufe meiner Karriere mehrere Vereine auf den richtigen Weg gebracht habe. Egal ob BCJ Hamburg, TV Langen, Rist Wedel, Walter Tigers Tübingen, VfL Kirchheim, oder Rasta Vechta. All diesen Vereinen habe ich meinen eigenen Stempel aufgedrückt. Und jetzt das Abenteuer Itzehoe Eagles.

12.

Mein neuestes Engagement in Itzehoe kommentierte „BIG", die führende deutsche Basketballzeitschrift, im Sonderheft zur Saison 2015/16 mit dem Satz:

„Der Star sitzt auf der Bank: Pat Elzie, der Vechta 2013 in die Beko BBL geführt hatte, heuerte im Sommer bei den Eagles an." (BIG 10/2015, S. 169)

Volker Hambrock, seines Zeichens Vorsitzender der Eagles, diktierte „BIG" ins Notizbuch „Mit Pat Elzie haben wir eine echte Gallionsfigur für den Basketball in Itzehoe gewonnen."

Ich selber mag das Wort Gallionsfigur nicht besonders, da ich mich immer als Teamplayer verstanden habe und es doch die Tatsache verschweigt, dass ein Mensch allein keine Wunder bewirken kann.

Als Einstieg in das Kapitel Itzehoe möchte ich den Wortlaut eines Interviews wiedergeben, das Lars Peter Ehrich mit mir vor meiner ersten Saison in Itzehoe geführt hat und das in der „Fastbreak" für die Saison 2015/16 veröffentlicht wurde.

Lars Peter Ehrich: *„Ich bin nicht wegen des Geldes nach Itzehoe gekommen" – der lockere Satz kam gut an, als du den Mitgliedern der Itzehoe Eagles vorgestellt wurdest. Warum bist du dann gekommen?*

Ich (PE): *Weil ich denke, dass es hier einen guten Nährboden für Basketball gibt. Außerdem ist Itzehoe sehr günstig wegen der Nähe zu Hamburg, wo meine Kinder leben. So kann ich sie regelmäßig sehen. Hamburg ist meine zweite Heimat, und in der Nähe von Hamburg zu sein, war mir wichtig. Als ich hierher kam, habe ich gemerkt, was für ein Verein die Eagles sind und was für Leute dahinter stehen. Da war es für mich ein logischer Schritt, hierherzukommen und zu versuchen, hier etwas aufzubauen.*

LPE: *Was sind dabei die Ziele?*

PE: *Ich habe, so wie ich es immer mache, dem Vorstand ein Konzept vorgelegt, das ich für machbar halte. Es beinhaltet, dass wir in drei Jahren oben mitspielen wollen, möglicherweise den Aufstieg in die ProA schaffen wollen. Ob das klappt, ist etwas anderes. Aber man muss Ziele haben, um sie dann zu erreichen.*

LPE: *Du sprachst vom Nährboden – woraus besteht er?*

PE: *Es gibt wenig Sportereignisse in Itzehoe und Steinburg. Die Sportarten, die es hochklassig gibt, ziehen nicht die Massen an. Eine Menge ehrenamtlich Engagierter stehen hinter diesem Projekt, das ist sehr wichtig, dass man solche Leute hat, die für den Verein bluten. Und Paul Larysz hat als Cheftrainer eine gute Jugendarbeit eingeleitet; es sind Jungs hier, die wirklich gut ausgebildet sind. Es gibt gute Möglichkeiten, hier etwas aufzubauen.*

LPE: *Wie soll die Jugendarbeit weiter ausgebaut werden?*

PE: *Wir wollen regelmäßig in den Schulen präsent sein. Das ist die Basis. Wir müssen bei den Kids in den dritten und vierten Klassen eine Begeisterung für Basketball wecken. Auch wenn sie Fußball oder Handball spielen, sollen sie das gern weitermachen, aber sie sollen Basketball kennen lernen. Es ist sehr wichtig, dass wir unsere Basis verbreitern, dass wir mehr Kids ansprechen. Da hat man die Möglichkeit zu wachsen. Mit unserem Schulprojekt „Assist!" gehen wir in alle Grundschulen in Itzehoe und Umgebung und bieten dort Arbeitsgemeinschaften an, die von Eagles-Spielern betreut werden. Aus den Schulen werden Mannschaften gebildet, die die Schulen repräsentieren – zweimal im Jahr werden wir ein Turnier veranstalten, um die Grundschulliga-Meisterschaft auszuspielen. Zudem wollen wir uns bekannt machen in den weiterführenden Schulen, da müssen wir sehen, wie wir es personell machen. Das Ziel ist, unseren Bekanntheitsgrad in und um Itzehoe zu verbessern, den Verein zu vergrößern und die Menschen zu begeistern.*

LPE: *Du hast es angesprochen: An der personellen Ausstattung gilt es zu arbeiten?*

PE: *Im Verein müssen viele Strukturen geändert und erneuert werden. Aber das ist o.k., so ist es nicht nur in Itzehoe. Wir müssen auf jeden Fall mehr Trainer beschäftigen. Um in den oberen Ligen zu spielen, muss man bestimmte Kriterien erfüllen, darunter mehr Trainer und hauptamtliche Trainer für die Jugend. Wir sind weit weg davon, aber wir müssen langsam an solchen Strukturen arbeiten, sodass wir nicht im schlimmsten Fall aufsteigen und so etwas noch nicht haben.*

LPE: *Du bringst ja einige Erfahrung mit, was solche Aufbauarbeit angeht.*

PE: *Ja, ich habe das einige Male gemacht. Aber das bin nicht nur ich, es hängt immer von den Leuten ab, die da mitmachen. Ich kann es nicht allein machen, ich habe es auch noch nie alleine gemacht. Ich habe nur meine Erfahrungen im Basketball in Deutschland eingebracht, und die Leute, die mit dem Herzen daran hängen, machen die Arbeit – und irgendwann passt es. Ich glaube, ich weiß, wie es geht, und mit guten Mitstreitern ist es auf jeden Fall möglich.*

LPE: *Wie zum Beispiel in den fünf Jahren in Vechta?*

PE: *Als ich dorthin ging, war es eine ähnliche Situation wie in Itzehoe. Die Stadt ist genau so groß, sie spielten auch in einer Schulsporthalle und waren nicht sportlich, sondern am grünen Tisch in die ProB aufgestiegen wie Itzehoe vor der Saison 2014/15. In meiner ersten vollen Saison dort sind wir im Halbfinale ausgeschieden, im Jahr darauf sind wir aufgestiegen als Vizemeister, dann sind wir in der ProA Meister geworden und in die Beko Basketball-Bundesliga aufgestiegen. Das war ein tolles Erlebnis für die Zuschauer, dann schon in einer neu gebauten Halle. Der Fanclub ist stark gewachsen, der Verein sogar noch mehr, vor allem dank des riesigen Zulaufs im Jugendbereich. Genau so etwas will ich hier nach Itzehoe bringen. Es ist das Ziel, den Leuten in Itzehoe den besten Basketball zu bieten.*

LPE: *Was dürfen die Zuschauer in dieser Saison erwarten?*

PE: *Ich hoffe, dass ich es so machen kann, wie ich es immer gemacht habe. Wenn man in die Historie schaut, waren meine Mannschaften immer in der Offense ganz oben, es wurde sehr offensiv gespielt, sehr schnell. Ich glaube, wir haben die Spieler verpflichtet, die das auch hier umsetzen können. Natürlich geht alles von der Verteidigung aus, die müssen wir auf jeden Fall steigern gegenüber der Vorbereitung. Aber ich bin zuversichtlich, zumal unsere letzte Neuverpflichtung Charles Bronson ein wichtiger Anker in der Defense sein kann, der die Mannschaft in der Verteidigung mittragen kann.*

LPE: *Demnach bist du zufrieden mit der Zusammenstellung des Teams für deine erste Saison bei den Itzehoe Eagles?*

PE: *Die Mannschaft arbeitet sehr gut. Wir haben fast dieselben deutschen Spieler wie in der vergangenen Saison und mit Alexander Witte einen dazu geholt, der super zu unserem Spielstil passt. Die Ausländer sind alle neu. Ich hoffe – und das ist auch das Feedback der Spieler aus der vergangenen Saison -, dass wir als Mannschaft stärker sind. Aber das muss man erstmal auf dem Spielfeld zeigen.*

LPE: *Also lautet das Saisonziel?*

PE: *Besser zu spielen als vergangenes Jahr und möglicherweise in die Playoffs einzuziehen. Das wird schwer genug, aber wir wollen auf jeden Fall nichts mit dem Abstieg zu tun haben. Das würde bedeuten, unter die ersten Acht in der Nordgruppe zu kommen. Vor allen Dingen wollen wir unsere Heimspiele gewinnen und unsere Fans mit gutem Basketball begeistern.*

Ich möchte dieses Buch mit einem Rückblick auf die Saison 2015/16 und einen Ausblick auf die Saison 2016/17 abschließen. Seit Juli 2015 bin ich Cheftrainer der Itzehoe Eagles und im Verein quasi omnipräsent.

Mit dem Erreichen der Playoffs, dem größten Erfolg der Vereinsgeschichte, können wir zufrieden sein. Wir haben jedoch nicht nur im sportlichen Bereich, sondern auch im Bereich der Organisation und des Managements Fortschritte gemacht. Ich denke, wir habe gute Arbeit geleistet: Das Trainerteam, das Management-Team, das gesamte Umfeld, das war alles positiv. Der Verein hat sich im ersten Jahr seiner Eigenständigkeit super entwickelt. 2015 hatten wir nach der Trennung vom Sport-Club Itzehoe etwa 90 Mitglieder, jetzt sind es rund 200! Das ist eine super Entwicklung, hundert Prozent Zuwachs in einem Jahr findet man nicht überall in Deutschland. In Schleswig-Holstein sind wir einer der großen Vereine, und ich schätze mal, dass wir in Norddeutschland einer der größten Basketballvereine sind. Das lässt für die Zukunft hoffen! Dies ist im sportlichen Bereich ein Verdienst der Spieler, sie haben gut gearbeitet und gut trainiert. Wir hätten auch noch besser abschneiden können, wenn wir die Verletzungsprobleme nicht gehabt hätten und nicht die Wechsel während der Saison hätten vornehmen müssen. Was den Gesamtverein angeht: Als ich nach Itzehoe kam, gab es eine bestimmte Gruppe von Menschen, die Basketball und die Eagles kannte. Durch unsere Öffentlichkeitsarbeit und das, was wir in den Schulen leisten, haben wir die Basis erweitert. Es kennen uns jetzt einfach mehr Leute. Die Kids bringen natürlich ihre Eltern mit, das ist der Hauptgrund.

Ich denke, es kann so weitergehen. Man muss den Kids das anbieten, und nach meiner Erfahrung nehmen sie es an. In Deutschland ist Fußball die Nummer eins, hier im Norden ist auch Handball sehr populär. Wenn man aber in den Schulen den Dritt- und Viertklässlern zeigt, wie viel Spaß Basketball macht – es ist anders als Fußball, im Basketball müssen alle aktiv sein, das schätzen viele Kinder. Natürlich wollen wir so viele Kids wie möglich in unserem Verein haben, wir werden sie aber nicht abwerben. Wir machen unseren Job und versuchen, die Kids für Basketball zu begeistern. Wenn sie sich entscheiden, zu uns zu kommen, ist es super, wenn nicht, ist es auch gut – Hauptsache, sie machen Sport.

Auf jeden Fall gibt es in der Region viel Potential, wovon ich von Anfang an überzeugt war. Man sieht es jetzt in unserer U18-Mannschaft, letztes Jahr noch U16. Ich freue mich, diese Jungs zu coachen. Auch bei unserer U12 und U14 mussten wir neue Mannschaften gründen. Dann haben wir mit Mädchentraining angefangen: Beim ersten Mal waren gleich zwölf Kids da, kurz darauf waren es fast 20. Man merkt einfach, dass das wächst, und ich bin mir sicher, dass das weitergeht, so lange wir so weiterarbeiten.

Die Eagles haben meines Erachtens durchaus auch Potential für die Entwicklung der Region. Ich sage es immer wieder: Hier ist eine Region mit 130.000 Einwohnern, die keine regelmäßigen großen Sport-Events hat. Zweitliga-Basketball findet in der Saison alle zwei Wochen statt. Ich denke, wenn eine Firma Interesse an Sportmarketing hat, kommt sie an uns nicht vorbei. Dass ein Team alle zwei Wochen Heimspiele vor 700 Zuschauern austrägt, gibt es hier sonst nicht. Wir müssen uns natürlich auch bei unseren Sponsoren bedanken. Ohne sie wäre das alles nicht möglich. Aber es gibt immer noch eine Menge Potential, um uns weiterzuentwickeln. Mein Ziel ist, so hoch wie möglich zu spielen. Das nächste Ziel wäre dann der Aufstieg in die 2. Basketball-Bundesliga ProA, aber dann müssen wir ganz andere Standards erfüllen. Ich hoffe, dass wir unsere Kräfte in Itzehoe und im Kreis bündeln können, damit wir diese Ziele erreichen können. Je früher, desto besser!

Doch erst einmal starten wir in unsere zweite ProB-Saison. Diese Jahr hatte ich die Möglichkeit, alles mit mehr Vorlauf zu sehen und gründlicher zu planen. Im vergangenen Jahr stand die Mannschaft weitgehend, als ich kam. Ich habe das Gefühl, dass wir gute Verpflichtungen getätigt haben. Mit unserem Mini-Etat ist es gelungen, Top-Spieler nach Itzehoe zu holen. Im Gegensatz zur vergangenen Saison haben wir einen sehr breiten Kader, gerade auch bei den deutschen Spielern. Da haben wir uns verjüngt und mit Yngve Jentz, Mubarak Salami, Mayika Lungongo und Fabio Galiano Spieler geholt, die alle großes Potential haben, auch in der ersten Bundesliga zu spielen. Zwar haben wir mit Adrian Breitlauch den besten deutschen Spieler in der ProB verloren, aber dafür mit Frederik Henningsen einen erfahrenen Spieler dazu bekommen, der mindestens auch diese Qualität mitbringt. Auf den amerikanischen Positionen war es im vergangenen Jahr etwas schwierig, aus der Not heraus mussten wir mit vier Amerikanern spielen. Stephan Shepherd hat es sich verdient, wieder einen Vertrag zu bekommen. Kaimyn Pruitt ist ein Top-Spieler, er war bei uns im Training und hat mich voll überzeugt. Und auch mit Darren Galloway haben wir einen Top-Mann verpflichtet und uns gegenüber Courtney Belger zumindest nicht verschlechtert.

Die Saison wird sehr schwer werden, die anderen Mannschaften haben auch alle versucht, sich zu verbessern. Aber wir fokussieren uns auf uns. Das Ziel ist natürlich, den Erfolg aus der Vorsaison zu wiederholen und die Playoffs zu schaffen. Wenn wir sie erreicht haben, ist alles möglich, aber wir müssen uns ein Ziel nach dem anderen setzen! Andere Ziele für den Verein sind mehr Mitglieder, mehr Strukturen, mehr Sponsoren, um das ganze Projekt weiter nach vorne zu pushen. Und nicht vergessen unsere Zuschauer, die absolut top sind: Trainer und Mannschaft wollen das Beste für unsere super tollen Zuschauer bieten!

Register

1. FC Bamberg 87

Abdul-Jabbar, Kareem 67

AEK Larnaka 151 ff

Ägypten 131

Ahlrichs, Martin 204

Aiden, Faisel 190

Alabama 14

Alba Berlin 194

Ali, Muhammed 29

Alpspitz 81

AMI 103

Amman 131

Ammer, Michael 124

Ampt, Karl 76ff, 80

Angola 131

Anniston 15

Archibald, Nate „Tiny" 37

Arigbabu, Stephen 196ff

Artland Dragons 158, 192

Atlanta Hawks 46

Barcelona 188

Barth, Jürgen 119ff

Bauermann, Dirk 139

Bayer Giants Leverkusen 202

BC Johanneum Hamburg 105

Belger, Courtney 218

Bergström, Rick 92

BG Bayreuth 87

BG Bramsche/Osnabrück 102

BG Karlsruhe 141ff, 184, 185

BG Steiner Bayreuth 95

BIG 207

Bike-Cafe Messingschlager Baunach 200ff

Bishop, Rashad 194

Black, Steve 98

Blaney, George 53

Boadu, Marvin 171, 174, 175, 180, 183

Bohlen, Dieter 124

Borgia 41f

Boston 39

Boston Celtics 37, 47, 54

Bowman, Brandon 194

Braunschweig 149

Breitengüßbach 165

Breitlauch, Adrian 218

Bremen Roosters 146ff

Bremerhaven 148

Brockmann, Steffen 120

Bronson, Charles 213

Buck, Joe 167ff

Butts, Isaac 190

Bynum/Alabama 15

Canboy, Burak 146ff

Cash, Johnny 39

Charles, Ray 39

Chicago 44, 48

Chicago White Socks 54

China 127, 130, 133ff

Claxton, Michael 126

Conroy, Will 195

Considine, Mark 115, 124f

Cuivre River 18

Cousy, Bob 55, 62

Crombruggen, Jon van 105

Damaskus 128ff

Darling, Ryan 171

Davis Jr., Sammy 21

Dawidowski, Lukas 166

Dawkins, Darryl 35

Demetriou, Louis 151ff

de Niro, Robert 71

DiLeo, Tony 88, 162f

Dischler, Matthias 141ff

Divac, Vlade 90

Dölle, Jürgen 104

Doerksen, Jacob 178f, 183

Dörr, Heino 79

Donelan, Steve 10ff, 66, 68ff, 75, 93, 108

Dora, Darryl 168

Dortmund 88

Dubai 133

Düsseldorf 149, 184

Düsseldorf Baskets 187f

Dukes, Alvin "Bo" 94

Egwuatu, Cecil 121

Ehingen/Urspringschule 185

Ehrich, Lars Peter 208ff

Eisbären Bremerhaven 148, 151, 154

Elzie, Catherine C. 14, 182f

Elzie, Eveline 126, 130f, 145, 172

Elzie, Gustora Nicholas 20, 30

Elzie, Gregory 21

Elzie, Gustora Nikodemus 14

Elzie, Jonathan 138, 172

Elzie, Kathy L. 20

Elzie, Malcolm 101f

Esterkamp, Steven 193ff

Evers, Hendrik 92

Ewing, Pat 95

Ewodo, Narcisse 141ff

FC St. Pauli 124

Ferguson, Robert 183, 190

Fischer, Tom 173, 179f, 196

Fisher, Derek 104

Fitzgerald, Ella 21

Frankfurt a.M. 76f, 138

Fraport Skyliners 158, 197

Fumey, Benjamin 173, 190

Galiano, Fabio 218

Galis, Nikos 89

Galloway, Darren 218

Giants Nördlingen 178

Giehl, Barbara (Babsi) 85ff, 96, 99, 126

Gieseck, Robin 118

Gießen 75f, 80, 82ff, 91, 114, 162

Gnad, Hansi 87, 89

Goehrke, Bill 173, 183

Göttingen 115, 184f

Gotha Rockets 181

Gotti 11ff

Grant, Kelly 90f

Grieshop, Werner 175

Grigisas, Gintaras 166

Günther, Dietmar 98

Günther, Per 98

Guerin Jr., Richie 57, 63, 67, 68, 75, 108

Gutersohn, Achim 193

Hageby Baskets Norrköping 91f, 94

Hallgrimson, Markus 124, 167ff

Hambrock, Volker 207

Hamburg 114, 120ff, 145, 161, 202ff

Hammink, Geert 153

Hannover 179

Happe, Dirk 115, 118

Harbin 133

Harnisch, Henning 84, 89, 113

Hassan, Corey 183f, 186, 190f

Heitzhausen, Paul 171, 190

Hennessey, Maryann 63

Henningsen, Frederik 218

Herber, Johannes 120

Hertener Löwen 178

Hess, Hans 80

Heuchelheim 83

Holtkötter, Jens 105f, 120f

Holy Cross 53ff, 73f

Houston Rockets 195

Howard, Paul 116, 124, 174

HSV 124

Huckelmann, Lara 172

Huckelmann, Luca 172

Huckelmann, Regine 172

Igbavboa, Urule 191

Illinois 35

Italien 146

Iowa 44

Itzehoe Eagles 207ff

Jackel, Michael 89

Jackson, Jesse 64

Jackson, Marlon 166ff

Jackson, Michael 39

Jackson/Mississippi 14

Jarchow, Axel 171

Jefferson City 49

Jentz, Yngve 218

Jesus 27

John, Elton 39

Johnson, Larry "Jay" 84, 113

Johnson, Magic 67

Jones Beach 68

Jordanien 131

Kalifornien 12

Kansas City 43

Karlikanovas, Nerijus 124f

Karlsruhe 184

Kelly, R. 121ff

King, Anthony 158

King, Martin Luther 27

Koch, Michael 80, 89, 195

Koch, Stefan 100ff

Kohlhoff, Jens 171

Kollmar, Dirk 181

Kühl, Jochen 119

Ku-Klux-Klan 16

Kukoc, Toni 90

Krause, Daniel 171

Kronhardt, Andreas 170

Lager, Mikael 92

LA Lakers 104

Lammers, Guido 165f

Langen 116, 119f, 120

Langgöns 102

Larysz, Paul 209

Lasalle University 98

Lee, Dion 116f

Leitershofen 171ff

Lich 100ff

Lindenstruth, Günther 79

Long Island 9, 67

Looram, Gene 73ff

Los Angeles Clippers 47

Louis, Joe 19

Lukoil Academic Sofia 156

Lulea 95

Lungongo, Mayika 218

Luxemburg 74, 76

Macauley, Ed 35f

Mackeldanz, Oliver 191

Mädrich, Dirk 173f, 184

Malcorps, Daniel 118

Malibu Beach 71

Manufactures Hannover Trust 66, 70

Massenburg, William 118

Meissner, Siegfried 144

Mewes, Klaus Günther 99

Mighty Clouds of Joy 39

Miller 14ff

Milonas, Algirdas 148, 151

Milwaukee 21

Ming, Yao 134f

Mitteldeutscher BC (MBC) 194

Müller-Dunkmann, Dietmar 152

Naval Akademy 48, 53

NBA 36, 37, 47, 49, 56, 57, 62, 67, 134, 155, 195

Neal, Marcus 191, 193f

Nees, Tim 137

Nemann, Clemens 163

Nesselwang 80

Newport/Rhode Island 50

New York 37, 74, 76

New York Knicks 67

Nicholson, Yemi 154

Nieberding, Josef 183

Niemeyer, Stefan 164f, 167ff, 188ff

Norrköping 91, 96

Norrköping Dolphins 91

Nürnberger BC 184

Obradovic, Sasa 162

O'Conell, John 115

Oesterle, Volker 144

Oldenburg 126

Olson, Lute 45f

Oppermann, Roland 136

Orlando Magic 47

Ortmann, Hartmut 104

Paderborn 115ff

Perry, Ronnie 53, 56

Pesic, Svetislav 162

Petrovic, Drazen 90

Pinn Bluff/Arkansas 49

Plannja Basket 95

Polen 79

Prinz, Harald 136, 139

Pruitt, Kaimyn 218

Rada, Dino 90

Rathjen, Jan 148, 150

Real Madrid 150

Reid, Matt 170, 174, 175f, 183

Rivers, Glenn "Doc" 46f

Rhöndorf 118

Röwenstrunk, Markus 200ff

Roessler, Rouven 141

Rojik, Chris 118

Ruckgaber, Klaus 139

Ruddigkeit, Malik 104

Rudowitz, A.J. 173, 175f, 180, 185, 194

Ruppel, Hans-Werner 96f

Sakalauskas, Sarunas 148

Salami, Mubarak 218

San Antonio Spurs 46

Saturn Köln 87

Scheper, Malte 163f

Schey, Stefan 115

Schmauder, Stefan 144f

Schmitz, Horst 141

Schneider, Beate 124, 130f, 145f, 157f, 182, 202

Schomers, Peter 120

Schropp, Dieter 102

Schropp, Jochen 102

Schroth, Erna 83

Schroth, Werner 83

Schweden 90ff

Science City Jena 184

Scott, Jereal 183

SC Rist-Wedel 126, 136

Sharpton, Al 64

Shepherd, Stephan 218

Shields, Jimmy 104

Sinatra, Frank 21

Slaughter, Marcus 149f

Smallwood, Marcus 173ff, 181f

Södertälje Kings 94

Spradley, "Doug" Douglas 150

St. Louis 18ff, 29, 42

Stahnsdorf 168

Stertenbrink, Marc 173

Stevens, Marvin 97

Stockton, Marcus "King" 171

Straßburg 141

Stubenrauch, Klaus 100

Stückemann, Flavio 173f, 185

Süßlin, Jürgen 81

Suhr, Marc 121

Syracuse University 59

Syrien 127ff

Tacke, Stefan 115

Täby 94

Talley, Dylan 190, 192

TBB Trier 191

Teetz, Olaf 80, 81

Themann, Werner 196, 199f, 204

Thomas, Torey 156

Thompson, Chris 166

Thurman, Eddie 58

Tomic, Pasko 144

Toth, Charles 96ff

Troy 14, 21

TSV Bayer 04 Leverkusen 84, 88

Türkei 132

Tunesien 132

Tutt, Ken 158

UBC Hannover 178

Vechta 163ff

Vfl Kirchheim Knights 143ff

Visscher, Ed 115

Waalkes, Otto 128

Wallace, Anthony 30, 35, 38ff, 43, 45ff, 50, 112

Wallace, Bobby 30, 35, 40

Walter Tigers Tübingen 136ff

Warniek, Josef 80

Washington, Dwayne 104

Washington, Roger 143

Washington Wizzards 60f

Weber, Max 191

Welp, Christian 89

Wendt, Greg 104

Wenzlaff, Mike 98f, 115, 118f

Wentzville/Missouri 18, 21, 32, 40, 43f, 47f, 49, 86

Westbrook, Larry 61ff

White Wings Hanau 178

Williams, Antoine 139

Williams, "Richie" Richard 178, 183, 187, 195

Wintermantel, Robert 137

Witte, Alexander 213

Witts, Garry 60f

Wolf, Ingo 115

Wolfenbüttel 102

Wolfinger, Joe 173

Woodward, Duane 110, 121, 124

Worchester/Massachusetts 53, 64

Wysocki, Christopher 78f, 85

Wysocki, Konrad 79

Yaldiz, Ismail 166

Zarnack, Heiner 105

Zypern 151ff

Glossar

Airball

Ein ungeblockter Wurf, der weder Brett noch Ring berührt.

Alley oop

Ein Pass zu einem Mitspieler (oder in seltenen Fällen zu sich selbst) in Korbnähe, der vom Passfänger in der Luft per Korbleger oder häufiger per Dunk direkt verwandelt wird.

Assist

Passvorlage zu einem Spieler, der diesen Ball erfolgreich in den Korb wirft; die Anzahl der Assists eines jeden Spielers gilt als eine der wichtigen Statistiken

BBL

Die Basketball-Bundesliga (BBL) ist die höchste deutsche Spielklasse bei den Herren, in der auch der Deutsche Meister ausgespielt wird.

Buzzer Beater

Ein Korberfolg, der kurz vor Ertönen der Schlusssirene (des Buzzers) und dabei häufig aus großer Entfernung erfolgt. Teilweise werden auch nur Würfe, die das Spiel in letzter Sekunde entscheiden (Game Winner) oder auf Gleichstand (und somit in die Verlängerung) bringen, als Buzzer Beater bezeichnet.

Center

Eine der gängigen Spielposition im Basketball. Center sind in der Regel die größten Spieler auf dem Spielfeld und spielen dabei hauptsächlich in Korbnähe.

Cooper-Test

Ein anerkannter Test zur Überprüfung der allgemeinen Ausdauer. Es handelt sich um einen Lauf mit einer Dauer von 12 Minuten, bei dem die in dieser Zeit maximal zurückgelegte Strecke ermittelt wird.

Crunch-Time

Die letzten Spielminuten einer eng geführten Partie.

Dribbeln

Wiederholtes Prellen des Balls gegen den Boden mit der Hand. Da nur maximal zwei Schritte mit dem Ball in der

Hand erlaubt sind, ist dies die häufigste Art der Ballführung.

Dunking

Wenn ein Spieler den Basketball mit einer Hand oder zwei Händen von oben durch den Ring drückt, wird dies als „Dunken" bezeichnet. (Auf Deutsch wird das als „Stopfen" bezeichnet).

Ego-Zocker

Ein Spieler, der mehr für seine persönlichen Statistiken als für den Teamerfolg spielt.

Fast Break

Ein Schnellangriff (einem Tempogegenstoß des Handballs oder einem Konter beispielsweise des Fußballs ähnlich), der sich durch einen schnellen Ballvortrag und schnellen Abschluss (Wurf auf den Korb) auszeichnet.

Forward

(deutsch (veraltet) auch Flügelspieler) : Eine der gängigen Spielpositionen im Basketball. Forwards sind klassisch gesehen hauptsächlich fürs Punkten und

Rebounden zuständig. Es wird weiter zwischen →Small Forward und →Power Forward unterschieden.

Guard

Bezeichnung der gewöhnlich von den beiden kleinsten Spielern einer Mannschaft bekleideten Spielpositionen →Point Guard und →Shooting Guard. Diese Spieler sind in erster Linie für den Spielaufbau und Würfe aus der Distanz zuständig.

Hall of Fame

Die Naismith Memorial Basketball Hall of Fame auf dem Campus des Springfield Colleges ehrt die bedeutendsten Vertreter des Basketballsports (getrennt nach Spielern, Trainern, Teams und Schiedsrichtern).

Korbleger

Sammelbezeichnung für verschiedene Wurfarten, bei denen der Ball aus kurzer Entfernung in den Korb gelegt wird. Die häufigsten Techniken sind der Druckwurfkorbleger mit in Richtung des Korbs gerichteter Handinnenfläche und der Unterarmkorbleger (finger roll) mit vom Korb weg gerichteter Handinnenfläche.

MVP (most valuable player)

Ein besonders wertvoller Spieler, der am Ende einer Saison oder Runde durch Zuschauer oder durch Trainer gewählt wird. Dieser Spieler erhält einen Pokal oder eine andere Auszeichnung für die besondere Leistung.

NBA (National Basketball Association)

Seit 1946 bestehende Basketball-Profiliga in Nordamerika. Sie gilt als die stärkste und populärste Basketball-Liga der Welt.

Pass

Übergabe des Balls an einen Mitspieler. Die am häufigsten angewandte Technik ist der Brustpass, bei dem der Ball von der Brust nach vorne weg gestoßen wird. Der Ball kann dem Mitspieler entweder direkt oder über den Boden zugespielt werden („Bodenpass"). Weitere Techniken sind der Überkopf-Pass, bei dem der Ball in Richtung des Mitspielers geschleudert wird, der touch pass, bei dem ein in der Luft befindlicher Ball direkt weitergeleitet wird, und die unmittelbare Übergabe des Balls (etwa als „Durchstecker" gegen eine eng stehende Verteidigung).

Point Guard

Eine der gängigen Spielpositionen im Basketball, und die

übliche Position des →Spielmachers bzw. Aufbauspielers. Meist handelt es sich um den kleinsten und schnellsten Spieler einer Mannschaft.

Power Forward

Eine der gängigen Spielpositionen im Basketball. Der Power Forward ist ein meist großgewachsener und kräftiger Spieler, der nahe dem Korb agiert (wenn auch nicht direkt am Korb wie der →Center).

Play-off

Ausscheidungskampf, durch den eine Meisterschaft entschieden wird (erfolgt in der NBA durch mehrere sog. Best-of-7-Serien).

ProA

Eingleisige zweite Basketball-Bundesliga

ProB

Dritthöchste Spielklasse in deutschen Vereins-Basketball der Herren (Nord- und Süd-Staffel)

Rebound

Ein Rebound besteht darin, dass ein Abpraller des Balles von einem Verteidiger (defensiver Rebound) oder Angreifer (offensiver Rebound) gefangen wird; die Anzahl der Rebounds wird in Statistiken vermerkt.

Set play

Spielsituation, bei der beide Mannschaften ihre angestammte Formation auf dem Feld eingenommen haben und die angreifende Mannschaft versucht, mittels eines einstudierten Spielzugs zum Korberfolg zu kommen.

Shooting Guard

Eine der gängigen Spielpositionen im Basketball. Hauptaufgabe des Shooting Guards in der Offensive ist der Distanzwurf, meist von jenseits der →Dreipunktelinie.

Small Forward

Eine der gängigen Spielpositionen im Basketball. Als (hinsichtlich Körpergröße und Beweglichkeit) „mittlerer" Spieler der →Starting Five kann der Small Forward verschiedene Aufgaben übernehmen.

Spielmacher (engl. playmaker; dt. auch Aufbauspieler)

Derjenige Spieler einer Mannschaft, der in der Offensive den Ballvortrag und Spielaufbau übernimmt, in der Regel identisch mit dem →Point Guard.

Starting Five

Die zu Beginn einer Partie auf dem Feld stehenden Spieler einer Mannschaft, üblicherweise bestehend aus zwei →Guards, zwei →Forwards und einem →Center. Da Spielerwechsel in unbegrenzter Zahl möglich sind, kann diese Formation im Laufe eines Spiels stark variiert werden.